Hucks flotte på upptäckarvatten

AF191980

Hucks flotte på upptäckarvatten

En roligare bok i samhällsvetenskaplig metod

Av Lasse Ekstrand

© Lasse Ekstrand 2024
Förlag: BoD · Books on Demand, Stockholm, Sverige
Tryck: Libri Plureos GmbH, Hamburg, Tyskland
ISBN: 978-91-8097-666-4

Innehåll

Förord till Förord

Sedan januari 2017 är jag anställningsfri, samma månad pensionerades jag från min sista anställning inom staten. På visitkortet: universitetslektor vid Högskolan i Gävle. Ansvarig för ledarskapskurser på kandidat- och magisternivå. Handledare och examinator för många uppsatser och examensarbeten. Liksom under många år dessförinnan vid andra lärosäten. Sammantaget spenderade jag drygt fyrtioåtta år inom högskolevärlden som student, doktorand, föreläsare och forskare. Mitt liv har till stor del ägnats denna värld. Våren 2017 utnämndes jag till docent i företagsekonomi vid Uppsala universitet, efter att jag varit inkopplad på ett spännande avhandlingsprojekt om anarkistiskt entreprenörskap.

I betygsnämnden, där jag deltog, restes kritik mot avhandlingen eftersom den avvek från hur företagsekonomiska avhandlingar i Uppsala normalt brukar se ut. Jag bemötte den genom att hävda att den måste bedömas på sina egna villkor och med andra kriterier än de sedvanliga som man bedömer konventionella avhandlingar med. (Tankegången behandlas mer utförligt i boken.) Avhandlingen godkändes utan att någon reserverade sig.

Vad som inspirerat mig att åter ge mig i kast med metodfrågor är en text ur min hand som publicerades på www.lindelof.nu den 24 januari 2024 med rubriken »Vajrar och gupp vetenskapliga motbevis?«. Det slog mig nämligen att någonstans i datorn gömmer sig ett bokmanus som utvecklar och fördjupar textens resonemang, med hjälp av talande exempel.

Jag fann texten, kikade igenom den och övertygades om att den äger relevans även idag. Dess grund håller, exemplen är inte överspelade, den står pall. Det är en annorlunda och, vågar jag påstå, rolig metodbok att nyttjas av studenter och handledare inom samhällsvetenskapliga ämnen. Hur AI, om än värt att ägna intresse i sammanhanget, påverkar uppsatsskrivande och handledande faller utanför min bok.

Hucks flotte på upptäckarvatten ges ut på uppdrag av Bokvind förlag.

Gävle, i augusti 2024
Lasse Ekstrand

Och nu var det 2015

Denna annorlunda, samhällsvetenskapliga metodbok har en tidigare inledning daterad 2006. Åtta år har således hunnit gå sedan den dateringen. Jag har dock inte funnit anledning att ta bort exempel och illustrationer, de har inte förlorat sin inneboende demonstrationskraft. Mina poänger har inte repats av tidens tand. Vad gäller bärande idéer och tankar är boken lika aktuell som när förordet skrevs.

Jag vågar påstå ännu mer aktuell mot bakgrund av de uppsatsutvärderingar – om dessa finns mycket att säga, spel för gallerierna eller blott legitimering av centralbyråkraters existens? – som Universitetskanslersämbetet har genomfört vid olika lärosäten de senaste åren. Vilka lett till påtalandet av kvalitetsbrister i många fall och därefter uppstramning av uppsatshandledningar och examinationer, med rädsla från lärosätets sida att mista examensrättigheterna. Rättning i leden, skulle man kunna säga.

Det har genererat ännu mer fyrkantighet än de fyrkantigheter jag pekar på i boken. Enkelt uttryckt, nu är det värre och tristare än någonsin

Vardagslunken pågår för det mesta i det tysta, någon enstaka gång blir det bråk om en uppsatsbedömning. Alltför sällan tyvärr, eftersom det är i sådana situationer diskursen börjar tala. Men sällan diskuteras uppsatsfrågor på en metanivå. Sällan ställs de frågor – kanske någon ordningsman och diskursbärare skulle avfärda dem som orealistiska – som boken oförväget ställer. Sällan kopplas frågorna till det postindustriella samhälle som ropar efter kreativitet och innovation.

Steve Jobs, den exceptionellt framgångsrike och egensinnige entreprenören, hoppade av sina universitetsstudier. Hade han hållit sig kvar, kanske det aldrig blivit något Apple. Men för honom var det omöjligt att fortsätta med sina studier. I talet han höll när han installerades som hedersdoktor vid det universitet han en gång lämnade, uppmanade han studenterna: Stay hungry! Stay foolish! Follow your heart!

Kanske en indirekt uppmaning att göra som Jobs, hoppa av innan det är för sent.

Gävle, i januari 2015
Lasse Ekstrand

Inledning

Jag har alltid varit intresserad av metodfrågor. Genom årens lopp har jag också undervisat om vetenskaplig metod. Därtill har jag handlett många uppsatser: i företagsekonomi, sociologi, medie- och kommunikationsvetenskap, kulturpedagogik och pedagogik. Jag har även konsulterats i metodfrågor av doktorander och etablerade forskare. Tanken har många gånger slagit mig, att det borde skrivas en annorlunda metodbok för studenter som befinner sig i början av sitt uppsatsskrivande. Jag ser framför mig studenter som vill pröva en annan väg än den som de konventionella metodböckerna och konventionellt metodtänkande pekar ut.

Men hur gör man då? Och hur kan man legitimera, försvara, det man gör? Även handledare som förespråkar något annat än det gängse behöver stöd. Och det är precis vad denna bok vill tillhandahålla.

Skrivandet har givit mig ett välkommet tillfälle att samla ihop flera decenniers metodfunderingar och att peka på öppningar, dra en lans för ett mer kreativt förhållningssätt. Många besynnerligheter, dagligdags upprepade i den högre utbildningens salar, har blivit mer begripliga, i den nödvändiga distansens upplysande sken.

När fan blir gammal blir han manualist och försvarar stelnade regelverk. Inte i mitt fall. Envis som synden kommer jag att fortsätta uppmuntra mina studenter att vara kreativt bångstyriga och finna sin egen väg.

Det här är alltså en metodbok för examensarbeten på kandidat och magisternivå. Det som förr gick under benämningen C- och D-uppsatser. Jag vill tro att det är en användbar bok, både för studenter och handledare. En bok att luta sig mot och hämta argument ifrån. Det är även en bok som är tänkt att kunna användas på kurser i universitetspedagogik. Nuförtiden ska ju alla bli bättre pedagoger, det är påbjudet från högsta ort. Men vad betyder det, mer konkret? Och är problemet primärt av pedagogisk karaktär?

Själv har jag, utan att gå någon sådan kurs, vid flera tillfällen förärats pedagogiska pris. Varför må de studenter som jag har handlett och undervisat svara på. Men jag har förstås mina aningar. Förmodligen kan också denna bok ge ledtrådar.

Gävle, den 31 maj 2006
Lasse Ekstrand

Skriva »essäistiskt«?

Vardagen inom det svenska högskoleväsendet lunkar för det mesta på. Ibland kan man drabbas av den sänkande känslan av att vara en kugge i en välsmord undervisningsmaskin som går och går, utan några större störningar. Det produceras utbildningspoäng och studenter passerar i en lång rad. Nästan som på vilken fabrik som helst. Det kunde vara bilar eller korv som fabriceras, det går ur det kvantifierande perspektivet på ett ut. Tystnad och samförstånd råder, om än bara på ytan. Men någon gång händer det. Det förmenta samförståndet spricker. Sådana ögonblick är guld värda, för i sprickorna varseblir man det som annars bara passerar och uppfattas som normalt. Brotten är insiktsbärande. Det är dessa man ska anlita om man är intresserad av vad som verkligen pågår bakom upprepning och stabilitet.

Mitt under ett pågående uppsatsseminarium, där en magisteruppsats i pedagogik, som jag har handlett, ska försvaras, känner jag mig plötsligt uttråkad. Jag har svårt att hålla tillbaka en gäspning, önskar att det hela snart ska vara över. Vadan denna dystra känsla? Professorn, examinatorn, som äger makten att godkänna eller underkänna, går till verbal attack. Han är mycket kritisk, låter nästan fördömande och klandrande i tonfallet, som om inget gott fanns att säga om den uppsats som är uppe till ventilering.

Jag noterar att uppsatsförfattaren tar illa vid sig av den hätske professorns angrepp. Han blir ledsen. Det hörs på hans röst som blir allt tunnare. Det syns i hans kroppshållning. Han sjunker ihop på sin stol. Inga som helst förtjänster med uppsatsen lyfts fram, inga stjärnor delas ut. Betoningen ligger, som alltid i den akademiska seminariekulturen, på att kritisera och smula sönder. Det kritiska övertrumfar, även denna gång, det konstruktiva och framåtsyftande. Nedslagen dödar uppslagen.

Många studenter, inte bara de från fel (läs icke-akademisk) social bakgrund, katterna bland hermelinerna, utan även doktorander och forskare, väl förtrogna med den hårda miljön, mår för övrigt ofta illa av den negativa, felsökande atmosfär som är comme il faut i seminarierummen. Man tar åt sig personligen, angreppen kryper in under huden. Det är som om det handlar mindre om texten, mer om upphovsmannen.

Akademiker har dessutom ett subtilt och därför djupt osäkerhetsskapande sätt att gömma personangrepp bakom det som låter sakligt och vederhäftigt. Det affektionsmaskerande fikonspråket underlättar därvidlag. Ibland kan man inte alls avgöra om det är kritik mot sak eller person. För en utomstående och oinvigd måste det hela te sig komplett obegripligt.

Det har varit en mycket givande och lärorik handledningsprocess till skillnad från många andra. Uppsatsen handlar om och vill tillämpa de modernistiska konstnärerna Marcel Duchamp och Joseph Beuys. Två av de allra största namnen inom den moderna konsthistorien, två till samtal och interaktion inbjudande.

Båda konstnärerna är jag själv väl förtrogen med. Om den senare har jag skrivit en bok, för övrigt en av de få om-böckerna vad gäller Beuys på svensk botten. Jag är expert på Beuys, det är ingen självförhävelse. Annars skulle jag som sociolog till professionen inte få handleda en uppsats i pedagogik. Revirtänkandet och specialiseringen skulle omedelbart slå till. Men denna gång fanns ett kryphål. Varken Duchamp eller Beuys – den senare deklarerade fränt:»Jag hatar konsten!« – ville vara klassiska konstnärer, upphöjda och oåtkomliga. Båda ägnade stor uppmärksamhet åt vad som enligt dem händer, eller snarare kan tänkas hända, när ett konstverk möter sin betraktare, sin medskapare. I ett för konstverket, och dess fullbordan, sanningens ögonblick.

I själva mötet, på knivsudden mellan platt fall och passionerad förening mellan konstverk och betraktare, sker någonting som konstnären inte kan förutsäga eller kontrollera.

Det är ju det som är poängen med att vara en interaktiv och till-talande konstnär. Man bjuder in, man vill inte ha passiva åskådare, man vill att något mer ska ske. Man sätter sig själv och konstverket på spel.

Konstverket betraktas som ett socialt, interaktivt fenomen. Beuys pratade till och med om att bygga sociala skulpturer. Tillfälliga. Intensiva. Samtals- och relationstäta. Kryptor av värme och befruktning, där kreativitet kan spira.

Men vad är det mer precist som sker i mötet mellan konstverk och åskådare, med den senare som inofficiell medskapare? Kan man undersöka det vetenskapligt och i så fall hur?

Kanske bör man låta åskådaren få behålla sin reaktion för sig själv, vara medskapande i fred. Konstnären bör släppa konstverket fritt, glömma allt vad avsikt hette. Det kritiska, avgörande ögonblicket när konstverket egentligen blir till, obeaktat konstnärens intention och bakomliggande förhoppning med det! Åskådaren är enligt denna konstuppfattning inte bara en medskapare, utan en provisorisk slutförare. Konstnären äger inte längre egenmäktigt sitt konstverk. Det har slitits ur hans händer. Hans roll har förändrats, konstnärsrollen decentrerats.

Erling, uppsatsförfattaren, är på sidan om sitt läraryrke själv utövande konstnär och brottas i sitt skapande med den problematik som uppsatsen cirkulerar runt. I uppsatsen redovisas erfarenheter från en utställning som han har haft i Skövde Konsthall, där han testade sina Duchamp- och Beuysinspirerade idéer. Bland annat med hjälp av ett frågeformulär som delades ut till besökarna när de trädde in i konsthallen, en enkät som de ombads fylla i. Det var en viktig del av hans metod, hans empiri.

Enkäten syftade till att fånga besökarnas reaktioner på utställningen, öga mot öga med konstverken. Sedermera bearbetade han enkäten och i uppsatsen redovisas den, med hänsyn tagen till utbildningsnivå, kön och ålder hos dem som besvarade den.

Såtillvida är det enligt metodkonstens alla regler en mycket konventionell uppsats, med alla bakgrundsvariablerna prydligt redovisade som sig bör, och den borde därför falla den anglosaxiskt skolade examinatorn på läppen. Men det skär sig.

Vad är det då, i denna stund, som inträffar?

»Essäer är inte vetenskap«

Uppsatsen är skriven i, vad som svepande brukar kallas, essäform. Allt som inte skrivs i den vedertagna formen, hur det brukar se ut, riskerar att sorteras som essäer. En minst sagt oklar och oprecis kategorisering. Oavsett om det skrivna egentligen förtjänar beteckningen eller inte. Syfte, metod, teori och det som annars brukar stå i innehållsförteckningen till uppsatser, ja förstås, även i rubriker och mellanrubriker, har bakats in och integrerats i texten. Det finns där, även om det inte har lyfts ut och iögonfallande lagts som rubrik. Dispositionen kan med rätta kallas organisk.

Formen är helt klart kongenial med uppsatsens trevande, sökande och genom sin öppenhet sympatiska ton. Men examinatorn är inte förtjust i formen. Han ger uttryck för en ingrodd, positivistisk, kanske snarare empiricistisk (datainsamlingen per se, och att den enligt den påbjudna metodläran har gått korrekt till, är enligt empiricismen allt) föreställning om hur det ska se ut. Åtminstone hur det brukar ser ut. Och det ser ju denna gång inte ut som en sedvanlig uppsats. Det ser ut som något annat, vad det nu är.

En svag uppsats, en som på inget vis håller måttet, brukar inte locka fram en sådan hätskhet, som nu demonstreras. Det är det annorlunda, det ovanliga, som irriterar professorn. Det som han förmodligen själv inte skulle kunna prestera.

Svensk samhällsvetenskap är mestadels det föga välskrivnas konst. Dålig svenska skadar inte den akademiska karriären. Och dålig svenska ärvs av doktorander från deras professorer. Man tror att det är så man ska skriva. Oftast kvalificeras inte vad man avser när man är kritisk mot att någon skriver »essäistiskt«, utan kategoriseringen används enbart för att beteckna något negativt. Något som man inte bör ägna sig åt.

Essäer hör inte självklart hemma inom den svenska samhällsvetenskapen. Ett tyst vetenskaps- och formideal talar. Utan att lyftas fram, läggas på bordet och förutsättningslöst diskuteras med avseende på rimlighet och användbarhet. Den typen av meta-diskussioner är ovanliga inom dagens samhällsvetenskap. Diskussionen förs i stället uteslutande på en tillämpad nivå. De tysta antagandena förs inte upp till ytan. De lockas inte fram, förmodligen eftersom de skulle kunna ställa till besvär.

Att essän som form dessutom är mycket krävande, ta bara en stor essäist som Roland Barthes, glöms också bort. Man gör det inte lätt för sig som uppsatsförfattare om man vill skriva essäistiskt, snarare tvärtom! Det är inte ett bekvämlighetsval. Man är inte essäist för att man vill komma undan.

Diskussionen kommer att till stor del handla om just formen. Om uppsatsen kan sägas vara vetenskaplig, leva upp till kraven på en sådan. Inga pluspoäng delas ut för stilen. Författaren skriver anmärkningsvärt bra, han är driven. Men stilpoäng delas aldrig ut inom samhällsvetenskapen: att vara en god stilist ger inga extrapoäng. Det är inte som i konståkning, där teknik och utförande bedöms.

Sociologen Johan Asplund, ett lysande stilistiskt undantag inom svensk samhällsvetenskap, tilldelades på 1980-talet Läkerols prestigefyllda kulturpris. Den förste, mig veterligen ende, samhällsvetare som har haft den äran. Asplund kunde skriva, till skillnad från många av sina sociologiska kolleger.

Man kan, om man inte passar sig i sitt stilistiska val, riskera råka ut för att beskyllas vara litterär, vilket i det här sammanhanget är ett nedsättande epitet. Det kostar alltså inget att vara en stillös samhällsvetare. Det skadar inte ens karriär att skriva illa. Inte ens om man skriver erbarmligt illa. Professor i ett samhällsvetenskapligt ämne kan även den stilistiskt haltande bli.

Frågan om formen rymmer i sig andra, större frågor. Det är onekligen en intressant och högst relevant fråga, som sällan ställs vid uppsatsseminarier. Men intressant och relevant under förutsättning att man tar den på allvar och ställer den på sin spets, lyfter upp den. Men jag tråkas denna gång ut och önskar att seminariet snart ska vara över.

Jag har varit med om det som sker många gånger förr, alltför många gånger. När en uppsats avviker från gängse mönster, och trots att den bjuder på intressanta upptäckter och tankar, tänker det som inte har tänkts förr, bryter ny mark, ändå inte anses hålla måttet. Just därför att bedömaren tycker sig se svagheter i det som svepande kallas »metoden«.

Metoden blir en angreppspunkt, nästan som ett mantra, så fort någon inte följer en given mall, eller framstår som det minsta kontroversiell i sitt tänkande. Det spelar ingen roll om upptäckarförmåga, nytänkande och originalitet finns företrädda.

Kreativitet riskerar att ställas mot följsamhet, bli något negativt och stötande. Huvudsaken är att man är följsam mot traditionen, bugar sig för den. Det viktigaste är inte att vara kreativ och nyskapande.

Ibland kan man få höra att kreativ och nyskapande kan den studerande få vara efter grundutbildningen, när det genomgås forskarutbildning och den studerande ska skriva sin doktorsavhandling. Eller så ska man vänta till efter avhandlingen också, så att metodgnuggningen riktigt tar. Sedan må man vara kreativ, sedan är det all right. Man ska alltså hänga in kreativiteten i garderoben, skjuta upp den. Med risk för att följsamheten effektivt knycklar till och deformerar den. Och det blir för sent.

Noteras bör att det absoluta flertalet av de studerande inte fortsätter till någon forskarutbildning. Det har också att göra med att regeringen på senare år allvarligt har försämrat finansieringsmöjligheterna för studier på doktorandnivå. Men det är inte hela sanningen. Studenterna är helt enkelt inte forskningsinriktade. Efter magisteruppsatsen, om man inte nöjer sig med en kandidatuppsats, är det utbildningsstopp.

Den uppskjutna kreativiteten förblir såtillvida uppskjuten, i väntan på – ja vad?

Inte innehållet det kommer an på

Ett annat, likaså talande och belysande exempel på inbyggt motstånd och avfärdande bemötande, är den uppsats om den framtida arbetsmarknaden, snarare bristen på en sådan, för humanistiskt och samhällsvetenskapligt utbildade akademiker, som jag handledde.

Märk väl att akademikerarbetslösheten i Sverige, ja, inte bara här, är stigande. Välutbildade riskerar att hamna bland löshästarna. De som knallar ut och in på den nyckfulla arbetsmarknaden. De projektanställda, de visstidsanställda och anställningsotrygga, de som står till den obarmhärtiga arbetsmarknadens förfogande.

Efter kostsamma studielån, som under många år ska amorteras, är humanisterna och samhällsvetarna i bästa fall hänvisade till okvalificerade arbetsuppgifter hos arbetsgivare typ Clas Ohlson och Lidl.

Exemplet gäller en C-uppsats över ämnesgränserna, i medie- och kommunikationsvetenskap respektive sociologi, kallad *Till förnedringens historia*. Framställningen inspirerad av Paul Lafargue, Marx svärson och författare till klassikern *Rätten till lättja*, och andra i den arbetsbefrielsen hyllande traditionen. Den lades fram vid Institutionen för humaniora och samhällsvetenskap vid Högskolan i Gävle. Denna uppsats mötte också kritik för sin okonventionella uppläggning. Det var det första som man under seminariet sköt in sig på.

Men formen var mycket medvetet vald. Den var avpassad efter de två författarnas dokumenterat goda språkbruk. Formen svarade mot hur de ville framställa sina teser, för att de skulle kunna väcka reaktion, öppna ögon och framkalla tankar. Man kan självfallet, och det borde inte vara något konstigt med det, välja ensidigheten eller provokationen som metod, eller form. För att skapa diskussion, tvinga fram destruktiva hjärnspöken och stelbenta tankefigurer ur garderoben.

Det borde betraktas som helt legitimt, till och med behjärtansvärt och i högsta grad motiverat. Framför allt när man på goda grunder misstänker att det kollektiva tänkandet omkring vissa samhällsfenomen, såsom arbete och arbetslöshet, har frusit fast och behöver tinas upp. Goda och kloka argument är därvidlag inte tillräckligt. Det väcker inte den »medvetslöse«, den igenrostade. Grövre artilleri måste till. Vilket inte utesluter god empiri och hållbar metod.

Mitt under pågående seminarium slängde en av deltagarna (disputerad, författare till ett antal böcker i ämnet mediepedagogik) fram vad hon ansåg vara en C-uppsatsmanual, med i punktform angivna direktiv för hur en C-uppsats ska se ut. Nästan som en dikterande Moses med sina stentavlor med Guds tio bud på.

Det var direkt överrumplande, liknade nästan en kupp och framkallade viss förvirring bland seminariedeltagarna, mest hos de två uppsatsförfattarna.

Hur listan hade tagits fram, vilka antaganden om verkligheten och kunskapssökandets natur den vilade på, och som måste accepteras för att listan ska kunna äga relevans, skymdes. Den reste närmast icke förhandlingsbara anspråk på att vara oproblematisk och dikterande, samt vara mycket användbar för uppsatsskrivande studenter. Antingen köper man den, eller också inte.

Det uppsatsen på ett framsynt och problemställande sätt handlade om, på sina ställen tillspetsande, diskuterades minst av allt. Det som man kan tycka borde ha upprört och väckt heta känslor. Innehållet skildes från form, som om formen, stilen, inte är betydelsebärande. Den senare bedömdes fristående från det i högsta grad aktuella och intressanta innehållet.

Tilläggas kan att uppsatsen, på slutsidorna, framsynt förutspår en legitimitetskris för hela högskoleväsendet, med sviktande studenttillströmning. Något som redan var på gång när uppsatsen skrevs och som har blivit ännu tydligare efteråt. Med varsel och uppsägningar vid lärosätena.

Men den förutspådda legitimitetskrisen, som handlar om högskolans roll överhuvudtaget i det postindustriella samhället, och som är oerhört central, skymdes också av frågan om metoden. Även denna gång hanterades den som något av ett mantra.

Uppsatsen fick bakläxa av examinatorn, som själv inte specialstuderat arbetsmarknaden. Men som efter den äldre och mer meriterade kollegans, som heller inte har specialstuderat arbetsmarknaden, inhopp fick kalla fötter. Det krävdes kompletteringar för att den skulle godkännas, släppas igenom. Det luktade prestige och maktspråk, inte intellektuell anständighet och rimlighet om förfarandet.

Kompletteringarna beordrades av examinationsmakten. Tillägg som inte lade något substantiellt till uppsatsen. Men som vred den i en mer konventionell riktning, fick den att mer se ut som en vanlig uppsats. Se ut som de allra flesta gör, i nio fall av tio. Det handlade om ingenting annat än komplettering som eftergift. Författarna vek ner sig för att de skulle kunna få sitt godkännande, och därmed fortsatta studielån.

Akademin riste till alldenstund som uppsatsen framlades, men återhämtade sig.

Bedömargenerositeten var noll och ingen. Inga pluspoäng delades ut, inga beröm för den frimodiga formen, det avancerade språket. Uppsatsens förtjänster vändes snarare till dess brister. Ett exempel statuerades. De närvarande, taktiskt tystlåtna studenterna vid seminariet, i färd med att själva skriva uppsatser, fick sig indirekt en varning för vad de skulle kunna tänkas hitta på. Avbasningen hade en klar disciplinerande effekt, med profylaktisk tendens. »I som i uppsatsskrivandet inträden – låten hoppet om en spännande avvikelse fara«.

Vad går förlorat?

»Skriv sådant du själv vill läsa, lär dig älska dina ord utan krav på att de ska älska dig tillbaka, du ska se att texten då kommer att ta vara på dig och i oanade ögonblick förvåna dig över rader som faktiskt du, just du, har skrivit.«

Erik Pauli Fylkeson

Vad är det som missas i och med att det fokuseras så på formen, en bestämd form nota bene, och på den metod som har använts? Jag bortser därvidlag från den sociologiska aspekten, från de inblandade personerna. Räddhågade, eller trosvissa, examinatorer och handledare, högskolans ordningsmän och ordningskvinnor. Varför de agerar som de gör. Varför de rycker ut så fort de anar en avvikelse. De äger förstås sina mer eller mindre medvetna skäl.

Det handlar förstås ytterst om makt, om upprätthållandet av en vetenskaplighetens diskurs, för att tala med den främste av disciplinerings- och inordningsteoretiker, Michel Foucault.

Han, den egensinnige, som i egen hög person förvägrades lägga fram sin banbrytande avhandling om vansinnets historia vid Uppsala universitet. En avhandling som blev avgörande för sextiotalets anti-psykiatriker Ronald Laing och David Cooper när de utvecklade sin humanitära, icke- medicinerande praxis.

Det såg ju, enligt bedömarna inom ämnet idé- och lärdomshistoria, inte ut som en avhandling. Inte ens den älskvärde och, enligt ryktet, osedvanligt tolerante professorn, tillika högt ärade ledamoten av Svenska Akademin, Sten Lindroth lät sig bevekas, utan tvådde bekymrat sina händer och skakade på huvudet. Detta går bara inte!

Det räddade Foucault kan vi lugnt konstatera i efterhand. Han ville stanna i Uppsala, där han var beryktad för sin skära sportbil, och för att han tog emot och handledde studenter på konditori Ofvandahls. Han var ett excentriskt och främmande blomster i den eviga ungdomens stad. Men nu tog han, besviken och tilltufsad, eller vad vet jag, av till Paris för en professur vid det mycket ansedda och prestigefyllda Collége de France. Han tilldelades en mycket lämplig lärostol i tankeformernas historia.

Sedan var han fri, både till innehåll och form. På kollegiet där de skarpaste huvudena, den europeiska, ja internationella, intelligentsians crème de la crème häckar, väljer man själv vad man vill forska om.

Re-sarch is free-search. Det enda som förväntas av arbetsgivaren är att man håller ett mindre antal offentliga föreläsningar varje år. De brukar mestadels vara välbesökta, den bildade delen av allmänheten strömmar förväntansfullt till.

I Frankrike, till skillnad från Sverige, står intellektualitet och bildning fortfarande högt i kurs. Man avlönas för att utan institutionella inskränkningar på heltid vårda sitt tänkande. Man är sitt tänkandes trädgårds egen trädgårdsmästare. Man är intellektuell på heltid, på (väl) betald arbetstid! Inget schackrande med det stolta, förpliktigande uppdraget. Inget administrativt joxande, onödigt slösande med tid och energi.

I Uppsala hade han riskerat att tuktas, hans författarskap komma av sig, bli något annat, mindre angeläget. Foucault, en av 1900-talets mest spännande och inflytelserika intellektuella, en metodisk (sic!) förstörare och dekonstruktör av nedärvda och cementerade tankeformer, som få andra under det förgångna seklet.

En intellektets palatsstormare, kunde ha slutat som lågavlönad universitetslektor med alltför stor undervisningsskyldighet. Så småningom sammanträdestyngd och överadministrerande professor, på Upplandsslätten. Utbränd och färdig för långtidssjukskrivning.

Rädslan finns, och den bekräftas även i fallet Foucault, för att förlora kontrollen om man tummar på manualerna, blir mer tillåtande, mer tolerant. Förutom att man själv är inskolad i ett visst sätt att skriva. Man vet inte om något annat. Man har under sin egen, långa utbildning inte smakat på förbjuden frukt. Man är, som normalutbildad samhällsvetare, med svenska mått mätt, inte förtrogen med något annat. Och man kommer envist och ofta oreflekterat att försvara det, i daglig praxis.

Måste det vara så?

Måste praxis vara så konserverande och inlåsande, de metodologiska synsätten så försnävande? Måste de fortsätta år ut och år in att vara det? Vad skulle vinnas om det inte vore så? Vad med den kreativa kraft som går förlorad och aldrig tas tillvara? Vad med alla ocensurerade uppslag som snöpligt dör i sin linda? Hur bidrar de metodböcker, som snarare borde kallas metodikböcker, som används på utbildningarna till att konservera och låsa in?

Det finns förstås de studenter, för att inte tala om handledare, som känner sig trygga med att underkasta sig en mall för hur man ska gå till väga, veta hur man ska göra. Här vore det kanske befogat att låna in det annars malplacerade och en smula nedsättande uttrycket inlärd hjälplöshet. Det blir som att vädja till någons lägsta instinkter: vi kräver inte mer av dig än så här. Det räcker.

Men alla är förstås inte trygghetsneurotiker. Problematiken kan vidgas, just i termer av vad som missas genom att det görs så traditionellt. Energi läcker, kreativ kraft tas inte till vara. Systematisk underskattning kostar, den är inte gratis. Det har även vad som förtjänar att kallas allvarliga arbetsmiljökonsekvenser. Det blir inte så roligt i den vetenskapliga vardagen som det skulle kunna vara. Anpassning till det förhärskande tynger ned. Högskolevardagen sjunger inte.

Uppslagsrikedoms- och fyndighetspoäng borde utdelas vid varje uppsatsseminarium. Framför allt om det stämmer, som ivriga och innovativa samhällsdebattörer påstår, att vi är på väg in i ett k-samhälle, med kreativitet, (social) konst, kommunikation och kvalificerad kompetens som hörnstenarna.

Om det stämmer, var tar vi pulsen på detta samhälle, var finner vi den? Borde inte universiteten och högskolorna gå i bräschen, vara de vassa spjutspetsarna? Den nödvändiga kreativitetstillväxtens spinnande motorer?

Därför en metodbok som aktivt medverkar till att skynda på k-samhället, och som kan åstadkomma just det: ge impulser och inspiration. Utan att på i-samhällesmanér («i« som i »industri«, eller »inget kan och vet du«) tala om exakt hur man gör.

Men därför inte en metodbok som nonchalant och obekymrat deklarerar att anything goes, som lämnar läsaren i sticket genom avsaknad av alla konkreta riktlinjer och hållpunkter. Ingen strunta-i-metoden-laissez-faire-variant!

K-samhälle, postmodernitet – när verkligheten är svårfångad

Det aktuella samhällsläget kännetecknas enligt många författare av brist på förutsägbarhet och överblickbarhet. Det existerar inget kontrollrum, ingen central utsiktspunkt. Sociologiskt sett är läget därigenom intressantare än någonsin!

Samhället och samtiden låter sig inte läsas av på något enkelt sätt, med de gamla avläsningsinstrumenten. Det som ska fångas är svåråtkomligt, glittrar som fragment och krossade representationer.

Efter de stora berättelsernas död, för att tala med Jean-François Lyotard, efter förändringen från samhälle till marknad, för att tala med Zygmunt Bauman, handlar det snarare om att upptäcka, att ge sig ut på jakt efter en svårfångad och mångfacetterad verklighet, som gäckar oss, än att fotografera och dokumentera en beskrivningsbar, överblickbar sådan. Det är andra egenskaper än den kylige dokumenterarens som krävs av oss, om vi vill försöka förstå vår samtid. I den svårfångade och mångtydiga, postmoderna verkligheten finns en skeendets och sociologiska faktas rikedom som tarvar en motsvarande metodologisk rikedom.

Alla skriver förstås inte under på att det är en postmodern samtid som vi befinner oss i. Jag gör ett val när jag kallar den postmodern. Jag kan inte vetenskapligt bevisa att samtiden är det, postmodern. Det antagandet är bortom vetenskaplig diskussion. Men jag kan ge skäl för mitt val av begrepp. Samtidigt värnar jag om ett i ordets bästa mening poröst begrepp, produktivt och tankegenererande. Det behöver inte mer berättigande än så. Andra samhällsteoretiker, som väljer andra beteckningar, gör också ett val. Och de kan inte heller vetenskapligt bevisa sitt val.

Den postmoderna samtiden, det framväxande, efter-industriella k-samhället, pockar på ett vidgande av den metodologiska arsenalen vid samhällsvetenskapliga undersökningar. Ett större mått av öppenhet och metodtolerans behöver tillföras, för att öka observansen för denna samtid. Och bereda väg för det som väntar på att skapas.

När Jean Baudrillard, för att ta ett smittande exempel (exempel som smittar är bra!), skulle undersöka det postmoderna Amerika, satte han sig i en vräkig amerikanare och gav sig ut på de vidsträckta, bensindoftande vägarna. Dessa över den väldiga kontinenten, likt asfalterade blodådror, sig förgrenande high ways.

Det som passerade var hans undersökningsobjekt. Det som passerades, det som uppfattades i den sociologiska ögonvrån, var allt Baudrillard behövde för att kunna ställa sin samhällsvetenskapliga diagnos. De snapshots, de bilder som han, den originelle sociologen, ger oss har något närmast hopperskt över sig (efter ödslighetens mästerlige uttolkare, konstnären Edward Hopper). Baudrillards vakna blick, som inte undgår någon illuminerande detalj, en blick som dock inte är den registrerande, kyliga kamerans, är hans instrument.

I handskfacket hade han låst in metodmanualen, kastat bort nyckeln. Därmed såg han mer och något annat. När han svävade i sin mekaniserade fågel genom landskapet. Han, fransmannen, den europeiske gästen och teoretiskt bildade turisten, läste den amerikanska hypertexten mot sig själv. Han accepterade den inte rätt upp och ner. Han sökte, osystematiskt, efter mot-empiri, oväntade och oplanerade uppslag.

Att läsa Baudrillard är lika stimulerande som att läsa beatförfattaren Jack Kerouacs kultbok *På drift!*

PS

Inspirations- och emancipationsprojektet måste påbörjas redan i grundutbildningen, så fort man någonsin bara hinner! Varför skjuta upp, låta anden hinna stelna, tankarna deformeras till svårkrossade strukturer? Varför inställa kreativitet och uppslagsrikedom? Det finns ingen anledning!

Kokboken – att veta vad man är ute efter

De böcker som brukar användas, och blir normerande, när det ska handla om metod inom samhällsvetenskapen heter *Att utreda, forska och rapportera, Samhällsvetenskapens forskningsmetoder, Introduktion till forskningsmetodik* eller något liknande. Det är i princip, för att kraftigt generalisera, samma bok som skrivs gång på gång, om än med mindre revideringar. Vetenskaplig metod i förekommande böcker, och på metodkurser, är ingenting annat än utdelandet och utlärandet av manualer och regelverk. Ett slags det vetenskapliga undersökandets receptföreskrivande kokböcker.

Varje ny metodbok, som i sanningens namn snarare borde genrebestämmas utredningsmetodikbok, eftersom det är ett snävt metodbegrepp som hålls fram, som ges ut, traderar de gamla, fortsätter i deras fotspår.

Ingen bryter markant med och tar avstånd från det tongivande. Ingen sticker ut. Den ena är till förväxling den andra lik. Metodtraditionen är stark och obruten. Det som ingick i min metodutbildning ingår även i dag. Så här gör man. Det blir en det vetenskapliga undersökandets kanon som etableras och reproduceras. Följ det angivna receptet, från Bakgrund till Slutsatser och Förslag till fortsatt forskning, så avviker du inte från normen för hur man ska göra.

Även du kan laga till den vetenskapliga kunskapen, men bara om du följer receptet. Kanske med smärre improvisationer, en nypa extra salt eller peppar, en knippa timjan eller en aning oregano. Men det ska vara det lilla, det. Först måste du ha grunden, veta vad du gör, så att du väldisciplinerat gör som andra gör, och som andra har gjort tidigare. Inga våghalsiga experiment på egen hand! Inget frejdigt ta ut svängarna! Inget spontant konstnärskap i vetenskapens kök!

Men måste vetenskaplig metod ovillkorligt och till varje pris vara detsamma som nitiskt regelföljande? Om man bortser från vad som är den internaliserade uppfattningen. Det som man reflexartat tänker när man hör vetenskaplig metod?

Kan inte verkligheten utforskas, utan att man gör det regeltillämpande? Vad vinner, respektive förlorar, man på att följa kokboksprincipen? Kan det till och med vara så att reglerna för hur man gör riskerar försnäva, till och med på ett olyckligt sätt bestämma vad det är man ser?

För att exemplifiera med den gamla skämthistorien: man letar efter den bortslarvade nyckeln i gatulampans sken bara för att det är lättare att leta där, än i mörkret en bit bort.

Atmosfären efter Palmemordet låter sig inte studeras

Metod i den närliggande betydelsen utredningsmetodik, fjärran metodologisk komplikation och innovation, snävar in ens frågeställande, beskär ens undran, stör den redan vid första steget. Vissa saker låter sig helt enkelt inte fångas och faller därmed utanför det vetenskapliga projektet. Hur påkallat, intressant eller angeläget det än vore att studera dem. De är bortom.

Ta den mentala atmosfären i landet efter Palmemordet 1986. Den kollektiva ångest, den kollektiva, posttraumatiska handlingsförlamning som man tyckte sig känna breda ut sig efter att det hade hänt som inte kunde ske i det fredliga Sverige. När en statsminister hade skjutits på öppen gata.

Man anade att något dramatiskt, något avgörande, hade hänt. Att landet aldrig mer skulle bli detsamma. Att det hade förlorat sin politiska oskuld. Något historiskt särskiljande hade hänt, som skulle komma att påverka landet för svåröverskådlig tid. Det trygga Sverige, med toppolitikerna obevakade, sig beblandande med folket på gatorna, var bortsopat.

Men hur studera detta sociologiska fenomen – som rimligtvis borde studeras med tanke på dess för landet stora relevans – på ett tillförlitligt sätt? De traditionella samhällsvetarna stod där med sin metodarsenal. Men hur använda den?

Fenomenet gled undan. Frågorna har förblivit obesvarade. Vi må fortsätta undra. Och kanske är mördaren fortfarande på fri fot.

Risken finns, rent generellt och bortsett från Palmefallet, att man underlåter att studera ett intressant fenomen bara för att man inte har de vedertagna metoderna till hands för att kunna göra det. Vi äger de etablerade metoderna för att studera det normala, det vardagliga, men inte det onormala, det dramatiska, eller katastrofala. Det som borde studeras.

När i överförd mening tsunamikatastrofens förödande flodvåg rullar in, står vi där. Vi, normalitetens mentala fångar. Metodologiskt handlingsförlamade. Det är också lättare att studera det som man är förtrogen med, än det ovissa och okända. För det som vi inte har mött saknar vi orden, begreppen. Det gör oss övergivna, famlande, riskerar att utlösa »ontologisk ångest«, för att citera Ronald Laing. Verkligheten riskerar att försätta oss i ett intellektuellt chocktillstånd.

Därför tenderar vetenskapen, för säkerhets skull, att bli bekräftande och konserverande av det som redan är. Den förmår inte titta över kanten, bortom tingens ordning. Och den tenderar att bli fången i det förflutna, ställa de frågor som det förflutna väcker, eftersom den vill befinna sig på säker mark. Inget framåtsyftande, inget från den bindande historien befriat.

Att utreda är att konservera, ta hem det vi redan visste. I stället för att rapportera – apportera. Samhällsvetaren stannar på vägen, gör halt, nöjer sig med det som har infångats. Noterar toppen på isberget, men lämnar resten i fred. För om det kan man ändå inte, med de undersökningsredskap man råkar besitta, uttala sig.

Metoden är självdeformerande. Samhällsvetaren stänger in sig själv.

Har ni slutat att slå er fru?

Sifo-vetenskap eller Temo-vetenskap kunde det kallas, när man använder enkäter, frågeformulär, för att mäta attityder och opinioner. Ta de massmedialt högexponerade valundersökningarna, före och efter politiska val.

I TV kan man se valforskaren, professorn och statsvetaren Sören Holmberg vid Göteborgs Universitet, kommentera prognoser och utgångar, med stor och sällan ifrågasatt auktoritet. Det vilar alltid något liksom självklart över professor Holmbergs mediala framtoning. Det är han som är experten på hur och varför folk röstar som de gör. Trots att den så kallade junilistans framgångar i valet till EU-parlamentet i juni 2004 totalt missades av professorn och valexperterna. Samma experter missade även vad som har gått till den moderna politiska historien som Westerbergeffekten.

När folkpartiet under ledning av Bengt Westerberg rönte enorma framgångar, utan att någon hade förmått förutspå det. Experterna togs även den gången på sängen. Men att det skulle ha varit något fel på metoden kom inte upp till diskussion. Man kan ju alltid skylla på den berömda felmarginalen.

Junilistan seglade upp och fick påfallande många röster, men experterna hade på förhand räknat ut dem. De fick inte in dem i sin ingrodda föreställningsvärld, med välbekanta politiska partier och rörelser. De hade inte den alternativa metoden för att fånga junilistan.

Valforskarna satt där med sina enkäter med standardiserade frågor, medan verkligheten rörde på sig utanför dem, ignorerade dem, struntade blankt i vad prognoserna hade förutskickat. Det blev som när vädret plötsligt avviker från meteorologernas förutsägelser. I stället för regn sol, eller tvärtom. Utan att någon direkt kan sätta fingret på vad som hände. Sannolikheter och konfidensintervall, som man talar om bland enkätmakarna, säger inte allt.

Vetenskapligt blir det, förtjänar vetenskapens namn, om man frågar människor om deras attityder och vad de tycker. Vetenskaplig metod, detsamma som enkätkonstruktion och utfrågandet av ett antal utvalda människor, enligt denna uppfattning. Det viktiga blir hur frågorna är konstruerade och de utfrågades representativitet. Att de representerar en större grupp, population, och att de inte enbart talar för sig själva, i egen sak.

När människor statistiskt representerar andra – ensamstående kvinnor, villaägare, Jönköpingsbor eller något annat – är de hux flux inte längre subjektiva. Det som annars fördöms i vetenskapliga sammanhang. Kanske kunde man kalla det kontrollerad eller villkorad subjektivitet.

De tycker till, men när de gör det så gör de det som ingående i ett väldefinierat sample. Det är samplet, urvalet, ställt mot populationen, som det förstnämnda har skurits ut ifrån, som är intressant. Inte den enskilde svarspersonen.

Det så kallade bortfallet, det vill säga de tilltänkta som av ointresse, eller för att de inte förstår frågorna, eller av något annat skäl vägrar att svara, får inte vara för stort. Det sänker en undersöknings trovärdighet. Då måste det till en bortfallsanalys, som inte innebär att man startar en dialog med de svarsobenägna, lockar fram dem som subjekt. Utan som är ett kompletterande försök att få dem på plats, se hur de eventuellt avviker från de svarsbenägna.

Hur stort bortfallet kan tillåtas vara kan skifta betydligt, trots vad som hävdas i olika instruktionsböcker. Dessa är därför mer ett ideal för hur det bör gå till än sanningsenliga gentemot den krassa undersökningsverkligheten. Ibland kan det vara upp mot fyrtio procent som inte svarar, som utgör det besvärliga bortfallet. Men det kan ändå gå an. I enkätsammanhang är toleransen därvidlag stor.

En fråga om konstruktion

Kapitelrubrikens fråga togs upp som ett tydligt exempel på hur en fråga absolut inte får ställas i en enkät. Det skedde på en kurs i sociologisk metod vid Uppsala universitet.

Den annars sympatiske, pedagogiskt förfarne föreläsaren, som vid första föreläsningen självironiskt presenterade sig som hårddataknutte (i mitten på sextiotalet utbröt en infekterad metodstrid, kvalitativa metoder ställdes mot kvantitativa, som framför allt speglades i facktidskriften *Sociologisk Forskning*), greps av stigande irritation när vi, de närvarande andraterminsstudenterna, inte omedelbart urskilde var felet i frågan fanns.

Höstmörkret föll utanför universitetets sällan putsade fönster, medan vi vilsna gröngölingar till studenter kliade oss i skallen och undrade vad det var föreläsaren ville att vi skulle svara. Blockeringen, hjärnsläppet, kom sig av att vi tyckte att frågan i sig var så korkad att den inte förtjänade någon vidare reaktion. Men instruktören lade inte några etiska aspekter på den. Han såg det enbart som en konstruktionsteknisk problematik. Rösten stegrades:»Men, hör ni då inte vad som är fel?«

Och det är så man förväntas ställa sig inför enkätmakeriets ädla konst. Inte diskutera rimlighet och meningsfullhet i själva enkäteriet som sådant, inte lyfta diskussionen. Utan man ska begränsa sig till att diskutera den konstruktionstekniska problematiken. Hur man gör.

Eller fokusera på hur urvalet ska dras, efter att populationen bestämts, och hur påminnelsebrevet till dem som inte svarar vid första anrop ska utformas. Enkätens vara eller icke vara äger ingen diskussionsprioritet. Den som säger enkät, säger vetenskap. Samhällsvetenskap är enkäter.

Men alla frågande undersökningar i vetenskapliga sammanhang görs inte i formen av enkäter till ett ganska stort, eller stort, antal människor. Man kan minska på antalet undersökningspersoner och ändå resa anspråk på att man beter sig vetenskapligt. Även om det inte anses lika vetenskapligt tungt att intervjua – möta sina offer in real life – som att skicka ut enkäter.

»Att intervjua är både svårare och roligare än man tror«, undslapp sig en gång en föreläsare, tillika författare till konventionella metodböcker. Att intervjua innebär att man använder sina medmänniskor som källor och uppgiftslämnare. Dessa blir ens primärkällor.

Journalister, poliser och läkare använder samma metod, men med något annorlunda syfte. Uppläggningen är i stort sett densamma: man fiskar, hämtar upp information från någon, uppgiftslämnaren. Utan att påverka denne alltför mycket, om man agerar i rollen som samhällsvetenskaplig forskare. Påverkanseffekter bör undvikas. Frågorna får heller inte vara ledande.

Intervjupersonen är en säck med data (uppgifter) som man vid intervjutillfället öppnar och förvärvar. Med respekt för vad en vetenskaplig hållning kräver.

Om man inte gör som den framlidne journalisten Hunter S. Thompson, han med sin gonzojournalistik. Den kanske främste eller mest extreme utövaren av New Journalism, där fakta och fiktion friskt blandas. Andra namn i traditionen är Truman Capote, med den omdiskuterade *In cold blood*, Tom Wolfe och Norman Mailer (vanligen är the New Journalist även författare). Kanske kan »Papa«, Ernest Hemingway, med sin hårdkokta, korthuggna stil sägas vara en ledstjärna.

Hunter S satte sig själv i centrum för sina svindlande reportage, var ohämmat subjektiv och självbespeglande, när han gav sig i kast med människor. Han, den obetvinglige och passionerade, skulle aldrig ha tagit ord som objektivitet eller källkritik i sin mun. De hade inget med hans yrkesutövning att skaffa, om man hade frågat honom.

Men det var just det som lyfte de spretande, över alla bräddar av uppslag och ord översvämmande reportagen, fick dem att bränna till. Han lämnade personliga fotspår. Man kunde känna hans stickande doft mellan raderna, hans vibrerande närvaro.

Med sitt sätt att bedriva journalistiskt arbete gjorde han skillnad, lämnade sina avtryck i världen, var i en djupare mening moralisk. Han, den till synes omoraliske och frigjorde, tog det största ansvar man kan ta för världen och sig själv. Och ingen kunde göra som han, ingen kunde upprepa det han gjort, för där fanns ingen standardiserad journalistisk metod att lära ut. Varken på något universitet eller någon journalisthögskola.

Med honom faller metodböckernas oeftergivliga krav på upprepningsbarhet. Att någon ska kunna återkomma, göra exakt samma sak en gång till och uppnå samma resultat. Med syftet att kunskapen inte bara kan tryggas, utan även ackumuleras. Enligt det dominerande vetenskapsidealet är det önskvärt att det sker, att kunskapen växer, som pengar insatta på en bank. Nytillkommande kunskap adderas till redan förvärvad. Det förutsätter att det är samma slags pengar vi rör oss med.

Hur många som Thompson har inspirerat, hur många som har nått högre och längre som journalister än vad de skulle ha gjort, om de inte hade läst Thompson, eller hur många som har breddat och fördjupat sin bild av USA efter att ha läst Hunter S, är förstås en empirisk fråga. Hur man tar reda på det, om man nu skulle få för sig det, är också en fråga om metod.

Science as small talk (?)

När man intervjuar gör man det mer eller mindre standardiserat, utgående ifrån färdiga frågor eller inte, med eller utan bandspelare, men den styrande modellen är densamma. Det är något som ska hämtas upp, något som just den här metoden lämpar sig bra för.

Man talar till och med i böckerna om intervjuteknik. Som om det främst vore en teknisk fråga, hur man närmar sig och fiskar uppgifter från en annan människa. Man talar även om djupintervjuer, och om tratteknik.

I det senare fallet startar man med allmänna frågor, för att lugna den intervjuade och skapa en förtrolig och avspänd undersökningssituation. Sedan slår man till, fördjupar frågorna efterhand. De blir mer och mer brännbara och närgångna. Så att det blir djupintervjuer.

41

Inom journalistiken talar man om skjutjärnsjournalistik, när man hoppar över kringmanövrarna och med sina icke-inlindade frågor skjuter skarpt redan från början, för att få intervjuoffret mör. Så där som den av alla makthavare djupt fruktade Janne Josefsson i SVT:s Uppdrag Granskning arbetade. Associationen går osökt till de tuffa, oborstade privatdeckarna Mike Hammer och Philip Marlow: »Skjut först och se sedan efter om det finns någon att fråga.«

Ibland föredrar någon att kalla sina intervjuer för samtal och tonar därmed ned anspråken på metoden, mjukar upp dess vetenskapliga anspråksprofil. Men då är man på väg att tumma på gränsen mellan den vetenskapliga intervjun och det mellanmänskliga samtal som kan föras. I det senare fallet utan att man har några mer långtgående vetenskapliga anspråk med det.

Science as conversation, science as small talk. Man minglar med medmänniskorna och utbyter uppfattningar. Som på ett cocktailparty eller en tebjudning.

Det existerar en förväntan knuten till intervjumetoden om att det ska finnas ett primärmaterial, som den som vill kontrollera en studie ska kunna ta del av, när intervjuerna presenteras, redigerade och nedklippta. Även om ingen någonsin tar del av det oredigerade ursprungsmaterialet (en empirisk undersökning skulle förmodligen bekräfta det), så ska möjligheten ändå föreligga. Därför sparas inspelade band och oredigerat råmanus, om någon skulle begära tillgång till det orörda materialet.

Som om det tysta antagandet härvidlag vore att i ursprunget finns en sanningshalt som tolkningen kan befaras tumma på, rent av förvränga.

Tolkningen är alltid tolkning av något ursprungligt och obefläckat. Undersökaren får inte lägga till något som inte finns i ursprunget. Materialet får inte redigeras på ett dramatiserande sätt, lyftas, bli mer intressant än vad det egentligen är. Samhällsvetare är inga dramaturger! Det ingår inga dramatiserande moment i deras utbildning. Snarare betonas avdramatisering och utslätning. Det ska vara neutralt och nyktert. Vi pratar om samhällsvetenskap här, inte teater.

Man ska som läsare inte behöva vara helt utlämnad, på gott och ont, till intervjuaren. Utan dennes tolkningar ska kunna ställas mot det råmaterial som han har utgått ifrån vid sitt tolkande. Allt för att minimera subjektivitet och att det blir tendentiöst. Att inget läggs till materialet, som inte har uppenbart och omistligt stöd i det. Så att man inte drar sin tolkning för långt, bygger på och uppförstorar, gör det undersökta hemskare eller förskönar. Anspråken ska alltid vara behärskade och försiktiga.

Sparandet av primärmaterial för att undvika subjektivitet, men hur veta om något lagts till ...måste inte det tysta antagandet vara att lita på intervjuaren?

Avhandlingen nedan är ett exempel på hur det tysta antagandet sattes i gungning.

På »bräcklig empirisk grund«

Den kalla decembermånaden 1979 drogs blicken till mitt namn på löpsedlar för UNT, Upsala Nya tidning, utanför tobakshandlare och bensinstationer runt om i Uppsala. Bokstäverna var i något enstaka fall av fetstil typ tredje världskriget har brutit ut. Men i stället för att alarmera om världskrig utbasunerades att ny avhandling visar på pampvälde inom facket. Utrymme och uppmärksamhet togs från olyckor, utrikespolitiska händelser och förrymda brottslingar.

Sedermera direktören på TV 4, Janne Scherman, som då jobbade på Rapport och fortfarande hade rykte om sig att vara en obekväm, muckraking och etablissemangskritisk murvel, ringde och bad att få göra ett fylligt inslag om avhandlingen som ventilerades i klassiska sal X (fullsatt) vid Uppsala universitet den 17 december. Det skulle sändas i mellandagarna. Inslaget sändes också, efter att det så när hade framkallat en vild strejk på Rapportredaktionen.

Scherman hade fått löfte av redaktionssekreteraren att inslaget skulle vara drygt fem minuter långt, vilket är mycket långt för att vara tv, men det klipptes ner, utan att han hade godkänt det. Övergreppet utlöste starka protester på redaktionen, en vild strejk låg ett tag nära.

Uppmärksamheten var inte bara av nyhetskaraktär. Den innehöll också skarp beskjutning. Doktorsavhandlingen *Från konsul Göransson till MBL. Om lokal facklig kamp i Sverige* rönte hård, offentlig kritik från en person, en statsvetare, som till och med på DN:s kultursida – det är ovanligt att akademiska avhandlingar når utanför en trängre krets – menade att det var fråga om »tvärsäkra teser på bräcklig empirisk grund«.

Man får, enligt artikelförfattarens implicerade vetenskapsideal, inte vara tvärsäker som avhandlingsskrivare. Underbyggandet får inte vara bräckligt. Uppställda hypoteser ska kunna prövas, teser beläggas.

Man får inte fara i väg, släppa loss, i sitt teoretiska tänkande. Även om det skulle vara befogat, föranlett och inspirerat av de empiriska utforskningar som man har gjort. Även om det är påkallat, för att kunna se mönster, producera meningsfulla sammanhang, spetsa till, blottlägga. Vad gömde sig bakom den nedlåtande bedömningen i just det här fallet? Vad finns mer att säga? Handlade det, på ett självklart och ovedersägligt vis, om tvärsäkra teser på bräcklig empirisk grund? Var det så enkelt?

Ingen ljus verklighetsbild

Fyllig empiri fanns i den strålkastarbelysta avhandlingen. Den vilade på empiriska undersökningar, fältundersökningar, botaniseringar i den fackliga vardagsverkligheten.

Vad författaren hade gjort var att utifrån ett antal utförliga, och bandade intervjuer med tolv fackliga funktionärer, både män och kvinnor, dragit slutsatser om tillståndet på lokal facklig nivå vad gäller medlemsengagemang och uppslutning. I Gästrikland och Norduppland, klassiska, röda arbetarrörelsetrakter.

Samma frågor ställdes till alla medverkande, enligt ett standardiserat frågeformulär som jag vid varje intervjutillfälle till punkt och pricka följde. Varje intervju skrevs ut, texten skickades till respondenten som hade möjlighet att kommentera, ändra eller lägga till. Ingen utnyttjade den möjligheten, förutom något enstaka påpekande i detalj.

Jag hade försökt att få en spridning, en bredd, i mitt urval, så att såväl tung varuproduktion som tjänsteproduktion och service inkluderades. Både Metall och Handels fanns representerade. Både stålindustri och kafferosteri. Pappers och Transport. Såväl avdelningar, som underorganisationer som klubbar och sektioner. Med olika avstånd till den vanlige medlemmen. Heltidsarvoderade blandades med dem som jobbade deltid med facket, enligt lagen om facklig förtroendeman.

Det var ingen ljus bild av facklig vardagsverklighet som framtonade utifrån intervjuerna. Inte blev den heller mycket ljusare när det anlades ett historiskt-komparativt perspektiv, som gick tillbaka ända till bildandeperioden, den fackliga rörelsens bleka, kanske snarare röda gryning, när August Palm, Axel Danielsson och andra himlastormande pionjärer bröt mark.

Nummermedlemmarna har alltid dominerat svensk fackföreningsrörelse. Det berättar mötesprotokoll och efterlämnade dokument. Medlemsointresset är inget nytt fenomen. Det borde inte överraska vare sig fackföreningsfunktionärer, eller någon annan, när det lyfts fram.

Man kan förstås, inte bara denna gång, diskutera generaliserbarheten och urvalets omfång. Jag var, och är än i dag, av den bestämda uppfattningen att jag inte hade kommit fram till andra slutsatser, om jag hade utökat antalet intervjuer, träffat fler fackföreningsbärare.

Men det var det som kritikerna, inte bara statsvetaren, sköt in sig på, att intervjuerna var för få. Att det därför var tveksamt om de intervjuade var representativa för LO-kollektivet. Författaren borde ha haft ett större material, menade man. Det hade ökat trovärdigheten och givit stöd, belägg, åt de radikala slutsatserna.

Misstanken fanns att författaren hade gjort sitt urval så att det skulle stödja hans tes. Den uttalades också, åtminstone mellan raderna, av dåvarande LO-ordföranden, Gunnar Nilsson, när Scherman intervjuade honom i Rapport. Misstanken att han hade redigerat bort det som störde, bara tagit med det som kunde användas mot facket. Författaren var selektiv, tendentiös och onyanserad. Rent av en mindre seriös forskare.

I en stort uppslagen debattartikel på Brännpunkt i Svenska Dagbladet dundrade samme Nilsson indignerat:»Skall sådant kallas forskning?«

Ingen union buster

I fackförbundspressen utmålades författaren först som en från höger kommande fackföreningsfiende, en intellektuell union buster. Enligt skogindustriarbetarfackets tidning, SIA, spred denne Ekstrand »söt lukt för borgarna«. Men sedan upptäckte man, kanske till sin besvikelse, vad vet jag, att författaren till den kontroversiella avhandlingen härstammade från metallarbetare i Sandviken. Han var uppvuxen i den socialdemokratiska familjen, rentav socialist. Då nedtonades den kritiken. Den saknade plötsligt belägg.

Bannlysningen hävdes. Författaren kunde till och med intervjuas, erbjöds även skriva själv i Handels förbundstidning, inbjöds att prata facklig ideologi hos SIF, industritjänstemannaförbundet, och andra. Men några mer forskningspengar för att forska om facket blev det förstås inte. De statliga forskningsråden var den gången markerat korporativt sammansatta, med representanter även från LO.

Man ska alltså kunna belägga, verifiera, det man påstår i vetenskapliga sammanhang. Det kallas att tillämpa verifikationskriteriet. Eller det ska åtminstone vara möjligt att gå att ifrågasätta, falsifiera: falsifikationskriteriet. Det brukar heta, och det går att spåra tillbaka till forna statsrådet och ekonomiprofessorn Gunnar Myrdal, att fakta ska trilskas eller sparka. Man ska inte i första hand leta efter medhåll och bekräftelse. Man ska leta efter det som stör och säger emot.

Hur långt man måste gå innan man kan hävda att ens påståenden har prövats med avseende på verifikation, eller falsifikation, är en delikat fråga. Det är inte enkelt, varken generellt eller i det enskilda fallet, att svara på det. Bedömningen därvidlag görs av den som bedömer när det kan anses vara tillräckligt verifierat eller falsifierat. Godtycke, eller om man vill kalla det pragmatik, trycker på.

Och om det är politiskt kontroversiellt eller inte, det man påstår.

Att det stämmer med verkligheten inte nog

Att människor, fackliga aktivister och andra, som sedermera läste avhandlingen kände igen sig i och kunde bekräfta den framlagda verklighetsbilden var inte tillräckligt. Det räckte inte som verifikation.

För att nå utanför de akademiska kretsarna var avhandlingen medvetet skriven på ett avakademiserat, lättillgängligt, på sina ställen journalistiskt språk, lika skumt som att skriva essäistiskt. Alla citat från tyska och engel-

48

ska var översatta av avhandlingsförfattaren till svenska. Inget plus dock hos diskursväktarna för det senare, snarare tvärtom. Man ska inte popularisera för mycket. Det var som om praktikernas uppfattning inte räknades, inte kunde räknas in som viktiga att lyssna på. Det blev inte sant för att verklighetsbärarna, de som befann sig mitt i den verklighet som avhandlingen uttalade sig om och som rimligtvis borde betraktas som experter på den, sade att det var sant. I andra fall kan man, utan att det förorsakar några problem eller möter invändningar, använda sig av en så kallad Delfi-metod, vända sig till experter för att höra deras syn på saken. Men fackets män och kvinnor kanske inte räknas som experter.

Det var i metoden som det brast enligt belackarna. Metod skildes från verklighet på ett besynnerligt sätt. Verkligheten var inte det intressanta. Om den framkallade bilden av den stämde eller inte. Det var inte verkligheten som var prövostenen. Det var metoden, tillvägagångssättet. Om den enligt vedertagen uppfattning höll måttet. Strunt samma vad man kommer fram till. Det är inte det som är det avgörande här, när det är metoden som ska bedömas.

För avhandlingsförfattaren, liksom för många fackliga aktivister, kändes det från och till svindlande, för att inte säga nästan hårresande. När det ansågs inifrån den akademiska borgen att det som påstods i avhandlingen inte kunde stämma. Bevisen var inte tillräckligt uppenbara och slående. Tillvägagångssättet stämde inte med vad kokboken, metodboken, påbjöd.

Hela tiden tillfördes nytt stöd, när människor runt om i landet, som hade fått kännedom om avhandlingen i medierna, hörde av sig till författaren. Ex post-bevis lär det heta på oklanderligt metodspråk. Kejsaren är naken, men det kan man ju inte bara påstå så där. På DN:s kultursida blev det tvärsäkra teser på bräcklig empirisk grund och inget annat.

Tesen glömdes bort

Empirin och metoden i fokus, inte den kontroversiella tesen om fackets självständiggörelse gentemot medlemmarna, framväxten av en fackföreningsrörelse utan medlemmar. Tesen var det bärande elementet i den kritiska forskning som avhandlingen (re)presenterade. Den borde varit diskussionsgenererande och utmanande för dem som ville behålla en mer förskönande bild av läget. I det teoretiska resonemanget, intimt sammanbundet med det empiriska, hände det spännande i avhandlingen. I de kraftfulla formuleringarna, de oblyga framstötningarna.

I långa stycken levde texten, trots att det var en doktorsavhandling. Författaren skrev om ett ämne som han brann för. Det avspeglades i stilen. Författaren kunde inte hålla sig neutral och utanför. Han var inte opartisk, vägrade vara det, tog ställning.

Tilläggas kan att en stor organisationsrationalisering i riktning mot några få storförbund inom LO, lades på is. Ett fullföljande av det förödande storavdelningsbildandet på 1950- och 60-talen. En långtgående organisationskoncentration, som den så kallade LO 80-utredningen sedermera föreslog.

I vilken utsträckning som avhandlingen påverkade beslutet kan förstås diskuteras. Det är en empirisk fråga, som vi brukar säga. Men avhandlingsförfattaren mötte utredningssekreteraren i en radiodebatt, i programmet Jobbet i P1. Han verkade en aning omskakad av alla skriverier efter att avhandlingen hade tagits in i det offentliga samtalet.

Att en avhandling är debattskapande, att den förmår väcka genklang i det offentliga rummet utanför de akademiska seminariesalarna, till och med utanför det ärevördiga Uppsala universitet, att den uppfattas som angelägen och samhällsrelevant, såtillvida nyttig, ger inget plus.

Det kan inte uteslutas att det rabalder som uppstod runt avhandlingen, och som fångades massmedialt, i TV, radio och tidningar, sände ut avskräckande signaler till andra avhandlingsskrivande. Diskursen tog bladet från munnen.

Tänka rätt är större – är det?

Devisen har förbryllat mer än en bildningstörstande person, som begav sig till universitetet i den optimistiska tron, att där får man tänka fritt, där är det tillåtet och uppmuntrat. Ovanför ingången till den ståtliga, vördnadsbjudande aulan, högt i tak och med kristallkronor, i det 1477 grundade Uppsala universitet står det: Tänka fritt är stort men tänka rätt är större. Alla universitet med självaktning omger sig med en devis av den typen. Det kan exempelvis stå Sanningen skall göra eder fria, som i Freiburg. De moderna svenska högskolorna, som inrättades i samband med högskolereformen 1977, gör det däremot icke, av okänd anledning.

Tänka fritt är stort, men tänka rätt är större. Den nästan provocerande formuleringens upphovsman var rättskämpen, den hetlevrade Thomas Thorild, som slutade sina dagar i Greifswald i östra Tyskland, professor i nordiska språk vid universitetet där. Dit han skickades efter diverse trubbel, för att inte säga ständiga verbala kurr, med konsistoriet, universitetsstyrelsen, i Uppsala. Och där ligger han begravd, på den fridfulla lilla lantkyrkogården Neueskirchen utanför Greifswald, efter att ha avlidit 1808.

Thorild var ingen som gick i ledband, ingen fältherre, för att travestera Pierre Bourdieu, följande de institutionaliserade spelreglerna. Dessutom kunde han skriva, han var en stor stilist. Med andra ord en ovanlig svensk vetenskapsman, outstanding.

Devisen kan förefalla svårsmält, om man känner till upphovsmannen och hans stridbara personlighet. Kanske var han ironisk i undertexten, kanske inte. Men knappast att han satte likhetstecken mellan att tänka rätt och hur Makten vill att vi ska tänka. Det var något annat han åsyftade, något mer. Mot det subversiva och desarmerande vetandet.

Med kännedom om Thorilds biografi och dramatiska levnadsöde, med det repressiva utskickandet av honom i exil, vill man åtminstone att det ska vara så. Annars är det något som inte stämmer. Glappet mellan Thorild som färgstark person, och andemeningen i hans till synes tuktande formulering, måste i så fall undersökas.

För lite kritiskt tänkande

SFS, Sveriges Förenade Studentkårer, har från och till, sedan början på 1990-talet, då man efterlyste en vetenskaplig grundkurs, enligt norsk förlaga, och som man menade borde vara obligatorisk, initierat nationella, stort uppslagna kampanjer till försvar för det fria, kritiska tänkandet inom högskoleväsendet. Utifrån den uttalade, starkt kritiska (sic!) uppfattningen att det är för lite av kritiskt tänkande på de svenska lärosätena.

Det är för mycket gymnasium över det hela, för mycket av gymnasialt tänkande. Bland annat har man skjutit in sig på språkbruket: att det heter elev, lärare och lektioner i stället för studenter och föreläsningar. För att inte nämna att studenterna, även föreläsare, ogenerat säger klass. Föräldrakvartar är inte långt borta, om man inte resolut stämmer i bäcken. Hur nu det ska ske.

Vad man mer konkret har avsett genom alla år, när man har drivit sina påkostade kampanjer, och dragit sin kårlans för det kritiska tänkandet, står inte helt klart. Det har alltid låtit lite svävande när man har lyssnat på kårmänniskorna. Vad de har tänkt med det hela, vart det har syftat. Det har låtit lite flummigt.

Men det finns därför inget som helst skäl att betvivla deras goda vilja. Och i sak är det inte svårt att instämma med de hängivna kåraktiva. Man kan dock inte låta bli att undra över om studentföreträdarna anser att det kritiska tänkandet är något som kan läras ut, eller om det är något som mer allmänt ska uppmuntras?

Frågan blir i vilket fall hur det ska göras. Om det är en fråga om pedagogik, eller inte. Nuförtiden är utbildning i pedagogik obligatorisk för samtliga universitetslärare för att man ska vara behörig till att innehava en fast tjänst. Efter upprepade klagomål från studenterna om dåliga pedagoger. Och i enlighet med en övertro från högsta ort på pedagogiken: att alla problem är av pedagogisk art.

Hursomhelst, numera ska universitetslärarna kunna visa upp en pedagogisk portfölj, dokumenterande sina pedagogiska meriter. Och det är väl kärnfrågan som direkt skickar en passning till denna bok.

Hur ska det gå till? Var ska man börja? Om man inte ska sluta med att vara förmyndaraktig, patronizing, ge hela idén på båten och överlämna det kritiska tänkandets vara eller icke vara till den enskilde individen.

I SFS-kampanjerna har man, som betraktare, också saknat en fundering om orsaken. Vad det är som skapar den påstådda bristen på fritt och kritiskt tänkande på lärosätena? Vad är det, mer precist, i den nuvarande undervisningen, och då kanske inte minst på metod-kurserna, som fallerar? Var sitter proppen som måste lösas upp?

Vetenskaplig grundkurs

Författaren var med och arrangerade en vetenskaplig grundkurs vid Högskolan i Sundsvall redan i slutet på 1980-talet. Det var den lokala studentkåren som under en energisk och entusiastisk kårordförande drev på. Den var tvärvetenskapligt upplagd och förmodligen den första i sitt slag som gavs i landet. Recentiorer, förstaterminsstudenter, från såväl samhällsvetenskap som teknik och naturvetenskap innefattades.

Kursen var obligatorisk. Jag minns inte det officiella skälet. Men obligatoriet hävdes redan vid första sammankomsten, efter att en påstridig student, en datave-tare, hade påtalat vad hon ansåg vara det smått absurda i obligatoriet. Hon fräste:»Man kan väl inte kommendera fram kritiskt tänkande?!« Intressant nog satte hon således likhetstecken mellan kritiskt och vetenskapligt tänkande.

En uttalad ambition var att studenter från olika utbildningar skulle mötas under samma tak. Och se att meta-frågorna om vetenskaplighet och vetenskaplig metod är desamma. Oavsett vad man läser. Såtillvida var kursen, som blev mycket uppmärksammad, från God morgon världen! i P1 till de stora tidningarnas ledarsidor, en veritabel framgång (den togs till och med upp till diskussion i riksdagen). Om än kanske en smula illavarslande.

Bekräftades en bild av svenskt högskoleväsende som intellektuellt utarmat, eller vad berättade den landsomfattande uppmärksamheten? Jag inbjöds komma att gästförelädsa till en rad lärosäten, samt deltaga i utbildningskonferenser, arrangerade av bland andra SFS. I samtal med kolleger på de olika ställena gavs fortlöpande empiriskt stöd för misstanken om intellektuell utarmning.

Men som man kunde befara: efter den blott en vecka långa introduktionen till högre studier återgick allt till det gamla vanliga igen. Som om inget hade hänt, som om veckan inte betydde något, inte hade några som helst konsekvenser.

Den ordinarie undervisningen påbörjades. Och snart tvingades man ånyo höra från studenter, när det rördes vid vetenskapsteoretiska frågeställningar: »Måste man verkligen kunna det här?«

En vetenskaplig grundkurs som garnering och något exklusivt som går utanpå det som i vanliga fall sker? Man kan i så fall lika gärna låta bli. Det kritiska tänkandet måste vara integrerat i den ordinarie undervisningen, inte behandlas som något slags grädde på moset – eller exklusivt.

Tänka rätt – tänka begripligt

Bortsett från om det fanns en ironisk underton i Thomas Thorilds devis och den mot makten alltid lika kritiske Thorild: att tänka rätt kan avse ett tänkande som andra förmår följa. Ett tänkande som följer vissa vedertagna principer för hur man ska tänka vad avser logisk uppbyggnad, hur det man säger hänger ihop och så vidare. Även om tänkandet är kritiskt måste en viss ordning och reda råda i tänkandets hus. Annars blir det tänkta obegripligt, icke-kommunikativt.

Tänkandet får inte vara vilt och spretande, osammanhängande och motsägelsefullt. Det måste vara klart och tydligt, kommunicerbart, använda sig av väl definierade begrepp, så att andra förstår vad man talar om.

Den så kallade analytiska filosofin går i Sverige tillbaka till professorn och rättspositivisten Axel Hägerström i Uppsala, som en av skolans ledande figurer. Hägerström och hans adepter går under benämningen Uppsalaskolan. Rättspositivisterna menar att medborgerliga rättigheter inte är naturrättsliga, inte givna, inte skyddade och politiskt okränkbara.

Denna filosofiska inriktning har vid svenska universitet tagit som sin primära uppgift att vara språkgranskare. I syftet att rensa bort oklarheter och vad man uppfattar som metafysiskt bråte i det vetenskapliga språket: det oklart skrivna är det oklart tänkta.

Den kontinentala filosofin, mer av existensfilosofi, en filosofi om varandet och existensen, med fixstjärnor som Martin Heidegger, Jean-Paul Sartre, Ernst Bloch och andra, har haft mycket svårt att hävda sig vid svenska universitet.

Den har ansetts dunkel och alltför esoterisk, befunnit sig ljusår från det anglosaxiska vetenskapsidealet. Mer fiction än science. Poetry snarare än philosophy. Kryptisk, där den borde vara klarsynt. Enigmatisk, där den borde vara operationell.

Att kunna följa hur det tänks, att man ska kunna förstå och hänga med på en utrullad tankegång, innebär en begränsning för tankens experimentlusta. Lusten att ta ut svängarna och intellektuellt söka sig fram. Ta risker. Chansa. Tankens snabba skridskoåkning ryms inte inom detta strukturerande ideal. Att förstå, i uttryckets snäva betydelse, förutsätter att det inte framkastas något som alltför mycket förbryllar. Det är som tankedisciplinering. »Jag förstår inte vad du vill säga, vart du vill komma!« Nej, men det kanske är det som är poängen! Jag blir glad om du inte förstår, om jag lyckas med att förbrylla och störa dig. Kanske kan vi nu äntligen börja prata med varandra, bortom inbillat samförstånd, ta varandra på allvar. Verkligen kommunicera. När ingen förstår, inget står för.

När det inte hjälper att tänka rätt

Men ibland, som talande exempel visar, räcker inte ens tydlighet och att den som tar del av ens tänkande förstår och kan följa det. Inte om det tänkta av någon anledning uppfattas som kontroversiellt och störande. Trots att det är rätt tänkt, i den ovan angivna betydelsen, blir det ändå fel.

Exemplen är många. Ta bara sociologen John Järvenpää, som stoppas både i Göteborg och Lund, när han, med ett ideologikritiskt uppsåt, vill ventilera teser om politisk korrekthet och rasism. Andra gången blir det nästan löjeväckande. Han får veta av en examinator i Lund att hans uppsats är för lång och därför inte kan godkännas.

Ta den danske statsvetaren Erik Christensen, lektor vid Aalborg Universitet, vars avhandling om borgerløn (medborgarlön) inte godkändes som doktorsavhandling av bedömarudvalget.

Både Järvenpää och Christensen skriver traditionellt vetenskapligt, välartikulerat och prydligt, utan vassa armbågar. De håller sig lojalt inom ramen för ett anglosaxiskt vetenskapsideal. De är inga vildhjärnor, inga vandrande utropstecken, stilistiskt sett. Men Järvenpää rör vid heliga kor, icke-diskutabla i det redigerade offentliga samtalet, liksom Christensen.

Christensens icke godkända avhandling är dessutom en referensstinn tegelsten, en gedigen lunta av det gamla, svenska avhandlingsformatet. Han argumenterar redigt, förhåller sig till tidigare forskning som han är väl inläst på, redovisar sina värdepremisser, bemödar sig om att vara logisk och konsekvent. Det hjälper inte.

Avhandlingen är banbrytande, en guldgruva för den som söker litteraturtips och som vill sätta sig in i medborgarlönsfrågan. Ingen som i framtiden skriver om medborgarlön kommer att kunna gå förbi den. Men den är alltså icke godkänd.

Ett annat exempel ur högen är ekonomen, den framlidne Sven Grassman. Den sedermera internationellt erkände och efterfrågade, också bortgångne, ekonomiprofessorn Gunnar Adler Karlssons öde – hur han kom att betraktas som kontroversiell och omöjlig, en veritabel, det offentliga samtalets enfant terrible i Sverige – förtjänar också att studeras.

Grassman som begripligt och pedagogiskt lade fram sina kritiska teser om svensk ekonomi i strid med vad som från officiellt håll, med dåvarande moderatledaren, tillika finansministern Gösta Bohman i spetsen, påstods om dess tillstånd.

Grassman menade att det som från politikerhåll och från nationalekonomer påstods vara en ekonomisk kris, ingenting annat var än en politiskt definierad sådan. Den svenska ekonomin var inte sjuk som det hävdades.

Den politiska klassen behövde en ekonomisk kris för att kunna åstadkomma en politisk förändring i högerriktning. Man ville, genom att peka ut ett allvarligt krisläge, motivera åtgärdspaket, igångsätta åtstramning av de offentliga utgifterna. Man ville uppnå nyliberala, marknadsvänliga lösningar. Skära ned välfärdsstaten, privatisera, sälja ut och förskingra det gemensamma.

Praktisera thatcherism, efter den engelska premiärministern Margaret Thatcher. Hon med hårda nypor, den från höger kommande järnladyn, som hade som första punkt på sitt politiska program att slakta den brittiska välfärdsstaten och knäcka fackföreningsrörelsen.

Det gick inte att missförstå, det som Grassman ville säga. Den skicklige kommunikatören Grassman var hur explicit som helst. Argumenten var vassa och träffande. Ändå ville många, hemmahörande inom det politiska och vetenskapliga etablissemanget, inte förstå vad han pratade om.

De vägrade att se det han såg, ens diskutera det. Vägrade godta att det som framlades var underbyggt och inte så där våldsamt polemiskt när allt kommer omkring. Det finns andra som är värre därvidlag.

Grassmans sanning var inte etablissemangets. Hans sanning hotade den bild- och ideologiproduktion som hade igångsatts. Den negativa bild av det ekonomiska tillståndet i Sverige, som skulle hållas fram. Grassman blev en dissident. Och hatad.

Svärmorsdrömmen, den välkammade och elegante Grassman, var i grund och botten en mycket traditionell vetenskapsman, till skillnad från den ettrige publicisten Johan Ehrenberg, som senare förtjänstfullt kom att förvalta hans kritiska arv. En distingerad nationalekonom av facket. Han hade inte ägnat sig åt några konstigheter, utan gått till väga som man enligt handböckerna ska göra. Som välartade forskare gör.

Han hade inte avvikit från den smala metodvägen. Och han lutade sig mot officiell, för alla intresserade, granskningsbar statistik. Nationalräkenskaperna är ju tillgängliga för var och en! Det är inga hemligstämplade dokument som vi talar om.

Ändå möttes han av våldsam och oförsonlig kritik, framför allt av det nationalekonomiska prästerskapet, hånades och tvingades löpa gatlopp. Han hade fel, trots att han hade gjort rätt. I samma stund han med emfas påstod att den svenska ekonomins kris enbart var ett politiskt påfund, för att legitimera nedskärningar och krispaket, var hans karriär som ekonom och vetenskapsman slut.

Han var tilltänkt att efterträda den svenska nationalekonomins gudfader, Assar Lindbeck, som chef för det ansedda Institutet för internationell ekonomi. Han betraktades som en lysande påläggskalv. Men ingalunda. Den som kliver över gränsen för diskursen har ingen nåd att vänta. Diskursbrytaren blir en akademisk persona non grata. Kostnaderna för pregnant samhällskritik kan vara ofantligt höga.

Efter att Sven Grassman hade avfärdats var hans akademiska karriär avslutad. Återstoden av det förhållandevis korta livet ägnades åt offentliga föreläsningar, Grassman turnerade land och rike runt, och åt ett mer fritt skrivande. Båda aktiviteterna blev mycket uppskattade av en bred, icke-akademisk publik. Grassman lämnade akademin och blev en folklig intellektuell, en folkbildare. Men döden satt tålmodigt väntande på första parkett.

Att få följa doktor Freud

Ett annat talande och problematiserande exempel på vad som är att tänka rätt, eller inte, utgör Sigmund Freud och hans psykoanalytiska metod. Den som av psykoanalysens fiender anses som ovetenskaplig och spekulativ. Framför allt när den ger sig ut för att uttala sig om det omedvetna, det som inte finns. Det som man inte kan avgränsa, operationalisera. Det som, enligt fenomenets natur, glider undan ens ansträngningar att greppa.

Ta en metodbok som *Vargmannen*, där man som läsare får följa med på doktor Freuds våghalsiga och en, i ordets bästa mening, utforskande expedition, för att försöka förstå sig på en mycket komplicerad, symtomtät patient. En patient som sannerligen inte är som en uppslagen bok, utan som förtränger och värjer sig mot terapeuten, ännu mer mot självinsikt.

Vargmannen är ingenting mindre än en äventyrsbok, oerhört intellektuellt stimulerande och berörande! Freud avslöjar, på ett konsekvent självkritiskt och rakt igenom hela boken sympatiskt sätt, hur han har gått till väga i sitt kreativa och mödosamma tolkningsarbete. Han rekonstruerar, döljer därvidlag ingenting. Det är som fältanteckningar direkt från den psykoanalytiska soffan. Läsaren bringas en unik insyn i en kreativ vetenskapsmans arbete. Man är privilegierad som får ta del av hans idoga och upprepade tolkningsförsök. Hans bittra tillkortakommanden, när han hugger i sten. När han hittar ett spår, ett plötsligt fynd, en tidigare försummad biografisk skärva, som kan ta honom vidare. När stumhet bryts, och när svårtillgängliga fakta på nytt stänger till om sig. Öppet och opretentiöst redovisar doktor Freud hur han har gått till väga, döljer inget. Alla kort är lagda på bordet för granskning. Det kunde inte vara tydligare.

Freud iscensätter på ett föredömligt sätt det som sällan annars sker: att man får följa en vetenskaplig process från att den inleds till att den avrapporteras. Den stimulerande känslan att man själv är med i processen, ett ögonvittne. Utan att forskaren i efterhand har tillrättalagt hur han gick till väga, för att få det att stämma med ett anammat vetenskapligt recept.

Den typen av efterhandsrationaliseringar, det retroaktiva nedtecknandet av en kronologi, av en röd tråd, är annars vanlig. Man brukar överskyla det genom att säga, att forskningsprocessen är något annat än framställningsprocessen. Men en illusion om rätlinjighet, att man obrutet har följt ett rakt spår genom hela undersökningen, skapas likafullt. Att man har gått i mål enligt de riktlinjer som man en gång drog upp. Illusionsskapande, som sagt.

Alla är naturligtvis inte Freud, de inre kontinenternas oförvägne upptäcktsresande, en själens conquistador, som han har kallats. Men hans, honom själv djupt involverande, metod är inspirerande. Det intellektuella äventyr han skisserar, och som man plötsligt börjar ana är möjligt, även för en själv! Till och med på en mer vardaglig forskningsnivå.

Freuds *Vargmannen* är metodologiskt en aptitretare och vänskaplig knuff. Som metodologiskt trög samhällsvetare, inskolad i tröghetens metodologi ända sedan tiden som ung, fjunig student i Uppsala, ser man plötsligt, till sin stora förtjusning och med yrvaken förväntan, att något går att göra som de samhällsvetenskapliga metodböckerna i gemen inte förmår levandegöra på samma sätt.

In med *Vargmannen* på metodkurserna!

Trots alla förtjänster, alla uppslag och utlagda, prövbara tankespår, finns det kognitiva beteendeforskare och andra, som avfärdar hela det psykoanalytiska projektet, den tolkande metoden. De vill inte förstå det, vägrar göra det, vägrar ta det till sig. Det är inte ens ett alternativ till förhärskande förklaringsmodeller, värt att beakta. Här gäller inte må bästa teori vinna, här är striden avblåst på förhand. Det är inte fakta som trilskas, det är toleransen. Snarare bristen på sådan.

Och det kan ta sig sådana snåla uttryck som att man stoppar mycket kvalificerade sökande till utlysta tjänster, när man vädrar »analys« eller »tolkning«. Som när den mångkunnige och erfarne Johan Cullberg, som väl snarare skulle kalla sig dynamisk terapeut än psykoanalytiker, sökte en tjänst på Karolinska Institutet i Stockholm. Då ryckte psykoanalysens fiender ut och förklarade honom inte tillräckligt kvalificerad.

Kanske kan man, när man talar om Freud, påminna om den geniale metodologen Sherlock Holmes och hur han bar sig åt, för att med hjälp av spretande ledtrådar och en på högvarv intuitivt arbetande hjärna, lösa en knepig brottsgåta. Egentligen i ensamt, kreativt majestät. Han var en stolt solitär, saknade social kompetens, ingick inte i något kriminalteam. I dagsläget måste man tillhöra en forskargrupp för att ens kunna komma i fråga för forskningsanslag. Ensamvargar blir lottlösa. Det krävs att man är social. Elementärt, min käre Watson! När han hade fått en av sina snilleblixtar. I den vetenskapliga litteraturen talas det faktiskt om ledtrådsparadigmet, med en apostrofering av Holmes och pusseldeckargenren. Man kan nämna ett tongivande och ofta citerat namn som Carlo Ginzburg.

Gamla ord fångar inte ny verklighet

Man måste, enligt idealet om att tänka rätt, välja sina ord, så att man inte är otydlig och främmandegörande. Obskyr och alienerande. Det blir därför svårt att tala om det som är bortom det som vi är förtrogna med. Det som inte enkelt och snabbt kan göras tydligt och identifierbart.

Främmande verklighetshorisonter riskerar att förbli osynliga, nya kontinenter ligga oupptäckta. Vi vet ju inte vad det är vi ser, vad det heter eller vad det är. Frågan blir oundviklig och kraftigt retorisk: Hur talar man om det nya, det som håller på att skapas, med det gamlas ord? Utgående ifrån övertygelsen att vi måste tala om det, förhålla oss till det, tänka om det, för att inte tas på sängen av det. Tänka – för att upprätthålla en nödvändig, mental beredskap inför det som kommer.

Ta de bästsäljande, kioskvältande författarna och diplomerade ekonomerna Kjell A Nordström och Jonas Ridderstråle. De med rakade skallar, i genomgående svart snitsigt draperade, och som nog skulle föredra att rubricera sina föreläsningar sessioner eller gig (dånande rockmusik möter den överraskade publiken, som kan bestå av toppdirektörer på Volvo). Nordström och Ridderstråle tillhör de mest efterfrågade och bäst betalda föredragshållarna, slås bara av fotbollstränaren Sven-Göran »Svennis« Eriksson.

I ett par lättlästa böcker av nattduksbordskaraktär – *Funky Business* och *Karaoke Capitalism* – har de försökt att ringa in den nya ekonomin. Den postindustriella. K-ekonomin. Den upplevelse-ekonomiska. Där upplevelser, inte varor, är det primära. Drömmar – inte nytta. Det immateriella och ogripbara – inte det handfasta, det som man kan ta på och hantera som fysiska objekt. Kreativ intelligens – inte teknokratintelligens.

Böcker som inte anses som riktigt rumsrena på de konserverande ekonomutbildningarna. Trots att författarna är legitimerade ekonomer av skrået, knutna till den prestigefyllda Handelshögskolan i Stockholm.

Kanske är det för mycket nytt, för radikalt perspektivomvändande, för att det ska kunna sväljas. Tidigare hade ett fenomen som kunskapsföretaget svårt att ta sig in och bli accepterat i den företagsekonomiska teoribildningen.

En ny typ av företag, som det inte fanns ett passande ord för, började dyka upp. Det var inte fråga om traditionella industriföretag som producerade varor. Det handlade om företag som producerade kunskap och kvalificerade problemlösningar, och vars främsta tillgång var humankapitalet.

Företagsekonomin fortsätter än i dag att lära ut ekonomistyrnings- och redovisningsprinciper som om inget har hänt. Som om det främsta kapitalet fortfarande var det icke-mänskliga: pengar och maskiner, fasta tillgångar. Ibland talas det försiktigt om så kallade balanced score cards, ett halvhjärtat försök att fånga ett företags humankapital. Men det teoretiska motståndet är fortfarande starkt.

Kapitalet i dessa företag gick på två ben, bestod av människor av kött och blod. Författarna och konsulterna Karl-Erik Sveiby och Anders Riesling bidrog till att bereda väg för ett accepterande, både bland teoretiker och praktiker.

Före dem hade ett fenomen som företagskulturer svårt att bli accepterat. Det gick ju inte att mäta, det kunde inte fångas med kvantitativa metoder. Och sådana fenomen riskerar att hamna utanför det vetenskapliga intresset, förutsatt ett anglosaxiskt vetenskapsideal. Hur angeläget det än vore att studera dem.

Minns också den studentska som ville skriva en uppsats om personkemins betydelse. Hon sökte upp en psykologiprofessor, forskare på trafikbeteende, för konsultation och litteraturtips. Denne avfärdade hela uppsatsidén med att personkemi inte finns. Eftersom det inte låter sig operationaliseras, göras mätbart. Därmed kan det inte studeras. Strunt samma om personkemi är något de berörda uppfattar som centralt mellan människor, icke minst i interaktiva och relationsberoende kunskapsföretag.

Inte alltid bra vara klar

Klarhetens ideal är inte rakt igenom positivt eller ens önskvärt. Ur en verklighetsberikande synvinkel, för att få syn på nya saker, kan det innebära en hämsko. Om det man inte kan tala, måste man tiga. Det ansåg Ludwig Wittgenstein. Den beryktade föreläsningslegenden, med nästintill rockstjärnestatus bland studenterna vid Cambridge University. Han, den eldfängde, höll den kortaste föreläsningen, elva minuter lång, i det anrika universitetets historia.

I den beryktade *Tractatus Logico-Philosophicus* hittar vi hans blytunga sats. Trots sitt sparsmakade omfång är det ett av 1900-talets mest omdiskuterade filosofiska verk. Ett sådant där sällsynt verk som aldrig kommer att kunna läggas till handlingarna, anses färdigdiskuterat. I stil med James Joyces *Odysseus* eller hans *Finnegans Wake*.

Senare i sitt liv övergav Wittgenstein, som trots att han aldrig var en av dem, har räknats som en del av den vetenskapsstränga, ortodoxa och mot tankesvaj oförsonliga Wienerkretsen, det asketiska och snäva vetenskapsideal som hade behärskat honom när han skrev den famösa boken. En text som i vissa partier liknar en samling aforismer, eller modernistisk, obunden poesi. En på sina ställen kryptisk, för att inte säga mystisk text. Dunkel.

Suggestiv. Men en text som bedömdes som tillräckligt meriterande, bland andra av Bertrand Russell i Cambridge, för att förläna Wittgenstein doktorsgrad. Russell och den analytiska filosofen George Edward Moore måste smyga på honom disputationen. Under förevändning att man över a nice cup of tea önskade sig ett lärt samtal med honom.

Den skarpsinnige Wittgenstein genomskådade förstås det hela, avbröt tebjudningen, blev topp tunnor rasande, som han brukade bli när han misstänkte tjyv- och rackarspel. Beryktad och omskriven är händelsen när han angrep sir Karl Popper när denne gästtalade som en i raden av prominenta inbjudna föredragshållare i Moral Science Club i Cambridge. Han for ilsket ut mot honom, när Popper enligt Wittgenstein bara stod där och citerade vad andra redan hade tänkt, och inte framförde någon egen tanke.

Om en eldgaffel förekom vid tillfället, om Wittgenstein hötte med den mot Popper eller inte, är omtvistat inom kuriosa- och anekdotgenren.

För Wittgenstein var det helt egalt om han kunde titulera sig doktor eller inte. Han var kemiskt fri från alla prestigebehov.

Wittgenstein kom med tiden att förfäkta en pragmatisk uppfattning om vad han kallade språkspel. Ordens betydelse avgörs i ett socialt sammanhang. Man vet när man använder språket på ett korrekt sätt. Utan att behöva fundera så mycket på det, eller ringa en analytisk filosof. Korrektheten avgörs inte genom att det utsagda prövas mot det som det uttalar sig om.

Någon objektiv verklighet finns inte som yttersta referent eller oklanderligt sanningsvittne. Vi spelar språkspelen, och studerar dem inifrån, som deltagare. Vi kan inte distansera oss från dem, vara objektiva. Vi är alltid och ohjälpligt deltagande observatörer. Det är ingen korrespondens- eller speglingsteori som formuleras i Wittgensteins språkspelsteori. En dylik blir inte möjlig, om man följer den sene Wittgensteins ontologiska ställningstaganden. Det som är mellan människor är helt enkelt allt som är. Den elitäre, till synes världsföraktande elfenbenstornsfilosofen har bytt skepnad till sociolog och socialpsykolog. Klivit ner i den brusande världen. Därmed lämnat den intelligensaristokratiska hållningen och det anti-metafysiska ideal som går under namnet logisk positivism långt bakom sig.

Ontologi är inte vetenskap

Till saken hör att ontologiska ställningstaganden inte kan göras till föremål för vetenskaplig analys. Det är ett val man gör. Valet kan inte vetenskapligt legitimeras. Ontologiska ställningstaganden är stipuleringar. Man stipulerar, bestämmer sig för eller tror sig veta, att verkligheten ser ut på det ena eller det andra sättet. Stipuleringarna är inte vetenskapligt prövbara. Är kanske även, när deras komplexitet stiger, svåra att tala om.

Men bör man ändå inte försöka tala om det som inte låter sig talas om? Kanske är det det mest spännande att tala om. Det enda riktigt värt att tala om. Det enda som stimulerar fantasin, frigör associationer och kastar ut tanken på ett ovisst äventyr. Det man inte kan tala om – det obetalbara.

Idealet om att tänka rätt utesluter ett kreativt, konstruktivt och uppslagsrikt, för att inte säga sanslöst och överskridande tänkande. Allt det som inte snabbt skapar delad förståelse. Den delade förståelsen skjuts upp eller försenas. Men hur blir det trovärdigt om ingen annan ser det jag ser? Måste det å andra sidan vara trovärdigt till varje pris? Kan inte det hårresande, eller otroliga, också vara trovärdigt, men på sitt speciella sätt?

Nya begrepp som öppnar horisonter

Kanske kunskapsprojektet mer handlar om att upptäcka och med trevande, sökande ord skapa en verklighet, än att beskriva en som redan finns. Finna nya begrepp för nya tillstånd. Begrepp som är kongeniala. Begrepp som kanske inte lätt och smidigt kan definieras och bekvämt slutas till. Och de behöver förbli öppna och oprecisa, för att på ett produktivt sätt kunna tjäna vårt upptäckande syfte.

Alltför hårda och ogenerösa krav på tidigt väldefinierade begrepp riskerar att låsa tanken och avbryta tankesprånget. Sammanhanget, kontexten, är därvidlag viktigare än de enskilda begreppen och deras grad av autonomi eller självtillräcklig stringens. Skogen är större än sina träd. Begreppen är kontextuella. De behöver inte definieras, ensamma, var för sig. Genom kontexten, sammanhanget de ingår i, får de sin betydelse. Det är kontexten som är det viktigaste. Det är den som ska friläggas, sonderas.

Associationsrika, horisontöppnande begrepp som kunskapsföretaget (Sveiby och Riesling, 1986), den imaginära organisationen (Hedberg, 2000), karaokesamhället (Nordström och Ridderstråle, 2004), upptågs- och framfartsekonomin (Ekstrand, 2004) hör hit. För att ta fyra exempel med konsekvens för samhällsdebatten, debatten om den efterindustriella ekonomin. Begrepp som inte är lätta att strama till. Men nödvändiga som heuristiska, ny mark plöjande begrepp.

Nödvändiga för att undersöka en samhällelig, postindustriell och upplevelseekonomisk verklighet som håller på att skapas, och till viss del fortfarande bara kan anas i konturerna.

Nödvändiga – för att vi som enskilda individer, och tillsammans, ska kunna agera. Nödvändiga – även utanför akademin och de akademiska trätorna. Samhällsutvecklande begrepp. Emanciperande.

Begreppsmyntandet är vår metod!

Ännu kan vi inte med säkerhet veta vad det är vi pratar om, vad det är vi ser eller tror oss se! Det råder stor, och för det kollektiva tänkandet fruktbar oenighet bland forskarna om hur denna icke-entydiga verklighet begreppsligt ska fångas. Vad det är som håller på att hända.

Kontrovers och konfrontation är intellektuellt hälsosamt. Det är bra för det kollektiva tänkandets otämjda expansion! Samsyn gör oss intellektuellt fattiga. Konformitet är inte bra för den sociala fantasins språng.

Rörelse i samhälle och begrepp

Begrepp som ska fånga samhällelig rörelse – begrepp som metod – måste rimligtvis ha en dynamisk karaktär som medger denna rörelse. De får inte vara statiska, fasthållande och låsande. De måste vara följsamma, kongeniala. Anspråken på dem är högt ställda och långtgående, för de ska inte bara vara kongeniala. De ska också vara upptäckande och framlockande.

De är våra spårhundar och magneter, våra spioner och mullvadar. När vi är begreppsliga, när vi befinner oss i begreppsfödandets innovativa fas, är de kreativa kraven som högst på oss.

Ponera att vi kan ge definitorisk skärpa åt begrepp som fångar välkända, historiska fenomen som fabriken och industrisamhället. Men att begreppen inte längre är användbara, i en verklighet i snabb, dynamisk förändring!

En verklighet som kräver nya begrepp, vilande på spridda, kanske osystematiska iakttagelser och upptäckter, intuitiva språng, oförklarliga insikter, ögonblicksbilder, som inte lätt låter sig förbindas med varandra till ett klargörande mönster.

Även om vi utvecklar heuristiska begrepp kommer det att dröja innan vi triumferande kan utropa Heureka! Och det är bara bra och som det ska vara.

Alldenstund det mer gäller att vara oförvägen och uppslagsrik, mindre metodisk enligt gamla recept och tankemodeller. Inte säker på sin sak. Alldenstund man måste arbeta, inte induktivt eller deduktivt, som det står i metodböckerna, utan indikativt.

Samla indikationer, lägga pussel utan att veta vad det ska bli för helhetsbild, gissa och chansa, kasta ut och dra tillbaka, börja om på nytt. Våga vara tankemässigt vidlyftig och flyktig i sitt sökande.

Tänkande och begrepp som metod!

Betvinga verkligheten med grova maskor

Verkligheten är alltid något annat och större än våra begrepp. Det är en stipulering vi dristar oss till att göra. Vi är inga skolastiska nominalister, heller inga hegelianska begreppsidealister, definitivt inga i ett politiskt syfte verklighetsförvrängande propagandister.

Risken finns, och den måste man se upp med när tänkande och begrepp används som metod, att man lägger en kosmologi (en skrivbordskonstruerad världsordning) eller en redan färdig, allsmäktig makroteori över den mångtydiga verkligheten. Man försöker betvinga den, få den på plats. Även om det måste göras med maskor som är grova.

Det finns de som försöker, åtminstone rör sig i den riktningen. Som en ofta citerad forskare, ett affischnamn som Manuel Castells. Och som uppträder med hegemoniska anspråk.

Det finns de som påstår att Castells mycket lästa böcker om nätverkssamhället är vår tids *Das Kapital*. Nätverkssamhället är en i raden av etiketter på det nya samhället. Det är som om en varumärkesstrid rasar mellan etiketterarna. Lika centrala, lika inflytelserika, lika omöjliga att gå förbi. Man bara måste läsa Castells, heter det.

De kosmologiska teorierna uttalar sig om och förklarar allt. De ser ett mönster ända ned i minsta detalj. Hos Castells bor nätverket överallt. Inget existerar utanför det. Inget annat. Castells vägrar att låta sig överrumplas. Hårt håller han i sitt teorinät.

Kanske bör man också nämna de hänförda nyliberalerna, som lägger marknaden som en tankedirigerande

74

förståelseram för allt som sker, både inom privat och offentlig sektor. Allt ska förstås utifrån marknaden.

Marknadsfundamentalisterna blandar ogenerat beskrivning och norm, verklighet och ideal. Hur det är och hur man vill och propagerar för att det ska vara. Utan att låta sig hejdas eller generas. Det som annars anses som en svår synd, och som det varnas för i metodböckerna. Hur det är får inte, enligt samma böcker, sammanblandas med hur det bör vara. Vetenskapen får inte uttala sig om det senare. Det som är, är dess enda objekt. Vetenskapen skall vara deskriptiv, aldrig normativ.

Sammanblandningen i de marknaden besjungande teorierna blir möjlig genom att man även här opererar med tysta antaganden, som inte lyfts fram och problematiseras eller tas med i beräkningen.

Så kan till exempel tänkarna på tankesmedjan Timbro eller ideologerna på det näringslivsfinansierade SNS, Studieförbundet Näringsliv och Samhälle, oförskräckt luta sig mot nationalekonomins fader, den skotske moralfilosofen Adam Smith och hans teori om the invisible hand. Men utan att nämna vilka förutsättningar som måste gälla, för att han skulle kunna förespråka en ekonomi styrd av den osynliga handen.

Smith var ju ingen okritisk nyliberal! Han var fullt medveten om att marknadsekonomin inte kan tillåtas härja fritt. En frisläppt marknadsekonomi ger oönskade sociala kostnader, skadar det nödvändiga gemensamma, som Smith värnade om. Han var mer en socialliberal än en nyliberal, för att anakronistiskt bruka samtida politiska etiketter.

Det viktigaste var att empati måste råda mellan människor, för att inte den fria konkurrensens marknadssamhälle ska degenerera till en grym vildmark. Där den starke besegrar den svage och only the fittest survives.

Denna förutsättning, som är central och omistlig för Smith, görs till ett tyst antagande hos dem som norpar Smiths idé om den osynliga hand som skapar harmoni i ekonomi och samhälle. Det skulle nämligen störa om det släpptes fram i ljuset.

Det är (välfärds)staten och (välfärds)politiken som timbroiterna och SNS:arna, många tidigare marxister och socialister, vill åt. Smith är endast ett slagträ i sammanhanget. Man behöver inte hans komplexitet, den bara stökar till.

Så vad som presenteras är ett stympat resonemang, en tillrättalagd teori, som inte gör Adam Smith rättvisa. Det finns faktiskt skäl att tala om intellektuell ohederlighet, måhända fullt medveten sådan.

De uppifrån skådande och ordnande teorierna ser det som begreppen vill att man ska se. Det som de tillåter att man ser. Begreppen blir dikterande gentemot den bångstyriga verkligheten.

Att se utanför begreppen, på sidan om dem, se en annan verklighet, är förvisso inte lätt. Sidor av verkligheten riskerar därför att gå en förbi.

Bortom tankefängelserna –
ångestskapande pedagogik

»...om det är de välkända sanningarna som man är
ute efter, kan man lika gärna hålla sig hemma.«

Thomas Hylland Eriksen

Hur gå bortom etablerade synsätt och synfält? Hur ta
oväntade tankesprång, tänka odisciplinerat och oordnat?
Hur bryta sig ut från tankefigurerna, för att använda Jo-
han Asplunds begrepp?
   Konventionerna för vad som kan och får tänkas gör
oss sämre som upptäckare och kreatörer. Placerar oss i
ett akut behov av intellektuella barnmorskor att förlösa
våra oförlösta tankar. Det bästa vore förstås om vi kunde
vara det själva.

På en kurs i kulturellt företagande vid Högskolan i Gävle
använde vi, kursledningen, uttrycket barnmorska i kurs-
planen för att beskriva den sokratiska roll vi strävade
efter. Det innebar att vi ville fungera som en förlösande
kraft, snarare än att på ett traditionellt sätt diktera hur
saker och ting skulle göras.
   Vi ville undvika det felaktiga antagandet att vi som ex-
perter visste bättre än deltagarna vad som var rätt för
dem. En sådan ansats skulle nämligen gå emot grund-
principen för en kurs i företagsamhet. Företagsamhet
kan inte läras ut på ett traditionellt sätt, utan måste ut-
vecklas genom deltagarnas egna initiativ och handlingar.

Kursen samlade förväntansfulla deltagare från olika utbildningsprogram. Den kom att kännetecknas av mycken produktiv förvirring, både hos deltagare och kursledning. Den rörde sig långsamt, snirklade sig fram genom långa sittningar, tystnader och avvaktande positioner, ökenvandringar och hemska likvakor. Ofta kändes det som att man skulle få spader. Ångesten låg ständigt på lur. Som kursledare hamnade man i stunder av självanklagelse och känslor av värdelöshet. Men företagsidéer föddes, oväntade barn alstrades. Vi i kursledningen, feministen och etnologen Louise Waldén och jag, lyckades hålla oss. Fast vi många gånger var frestade att ge upp och återfalla.

Men vi retirerade inte, återföll inte i en omyndigförklarande pedagogik, höll stången mot den elevifierande högskolediskurs som satt i väggarna och grinade mot oss. Vi förmådde hålla ut, låta pekpinnen ligga, avbruten.

Hos studenterna, dock inte alla märk väl, förbyttes under kursens gång en anställningens åtstramande tankefigur mot en entreprenörskapets personlighetsutvecklande sådan. Anmärkningsvärt på en högskola som har entreprenörskap som en av sina ledstjärnor, men som har påfallande svårt att bryta igenom anställningsfixeringen.

Stora saker hände bortom kursledningens nervösa kontroll. Förlag startades eller var åtminstone på gång. Nya webbsidor öppnades. Studenterna, förvisso inte alla, började se glada ut.

Samma erfarenheter finns med från en ekonomutbildning i Sundsvall, som vi, företagsekonomidoktorn Lennart Rosenberg och jag, gav beteckningen ångestskapande pedagogik. Ingen gemensam kurslitteratur användes, till administrationens förundran och växande frustration. Det behövdes inga sammanträden i någon institutionsstyrelse för att spika litteraturlistor. Vi sänkte transaktionskostnaderna för utbildningens genomförande genom våra tomma listor. Undervisningen var rakt igenom case-baserad. Studenterna valde själva sina cases. Det kunde vara allt från att studera ledning och styrning i något bolag inom skogsbolagsjätten SCA, till att använda sig själv som case genom introspektion.

Redovisningssätten skiftade, villkorslös tolerans rådde, vilket inte sällan orsakade examinatorisk komplexitet. En student gjorde en fenomenologisk studie av sin egen personliga utveckling, före och under högskolestudierna. En fullklottrad toalettpappersrulle lämnades in. Där fanns den text som studien hade resulterat i, skriven med kulspetspenna. En annan student lämnade in en låt som han hade komponerat. Men även traditionella promemorior förekom.

Det valda caset styrde vad som kunde anses vara lämplig litteratur. Alla läste inte samma böcker, som man annars gör på högskolekurser. Därmed lästes totalt betydligt fler böcker, trots tomma litteraturlistor i kursplanen.

Jo, det fanns en gemensam bok. Det var en bok av den finländske regissören Joukko Turkka, mycket omtalad under andra halvan av 80-talet för sin egenartade och brutala regimetod, vilken sökte konfrontation med både skådespelare och publik. (Varför just den boken valdes minns jag inte längre.) Även min anti- organisationsbok *Själens revolt* plockades efterhand in. Boken hade tagit sina första stapplande och osäkra steg tidigt på 1980-talet, men färdigskrevs samtidigt med utbildningen. Det var ingen tillfällighet. Utbildningsprocessen var aldrig entydig, utan ständigt svårfångad. Men den tjänade mig som empiri. Deltagande observation och introspektion var metoderna för att komma åt denna empiri. Principen face validity tillämpades. Jag hade det jag studerade på huden, även under den.

När och hur länge vi gemensamt skulle träffas bestämdes från vecka till vecka. Vissa veckor träffades vi inte alls. Andra veckor flera gånger, när behovet att göra det akut infann sig.

Största möjliga flexibilitet skulle råda. Inga lektioner bara för att så skulle vara. Inget gemyt eller myspys på bekostnad av kunskapsutvecklande tankearbete. Gemensamt ansvarstagande var nyckelorden i det osynliga kontraktet.

Gruppen bestod aldrig av fler än tjugo studenter, förutom de två handledarna. Den förväntades utgöra det rum, den chora, som terapeuten och författaren Julia Kristeva säger, där både trygghet och kreativitet skulle frodas. Det ena kan inte tänkas utan det andra. De är två sidor av samma mynt. Otrygga studenter blir inte kreativa. All energi går åt till psykisk överlevnad i lektionssalen.

En chora där också ångest och rädsla tog sig in. Pedagogik som strävar mot ett subjektgörande är ångestskapande. När man arbetar med en så pass liten grupp blir alla studenter synliga. Man kan inte gömma sig, sjunka undan i mängden.

Vägen till subjektet, till studentens återfödelse efter att under flera terminer ha behandlats som en icke-vetande och osjälvständig elev, är inte en solskensväg. Därför kallade vi också introduktionsmomentet på utbildningen för ett omskolningsläger. Där inget hände, det vill säga på ytan. Desto mer hände under den.

När man som kursansvarig abdikerar, vågar göra det, från en omnipotent självuppfattning, då får man skörda både himmel och helvete. När man avexpertifierar sig själv, slutar tala om hur saker och ting ska göras. Men det är förbaskat stimulerande! Ingen sammankomst är den andra lik. Det blir aldrig ett lunkande av det. Vardagarna är helgdagar.

Man vet aldrig vad som ska hända. Man äger varken garantier eller försäkringar. Allt man har är en tilltro, en övertygelse, långt ifrån bergfast. Man går med skräckblandad förtjusning och bultande tinningar till varje sammankomst. Man lever med utbildningen. Den blir aldrig bara ett antal timmar som ska göras, formell undervisningsskyldighet att skyffla undan.

Att våga är belönande, våga bryta undervisningens Törnrosasömn. Den anti-auktoritära pedagogiken är därvidlag kyssen.

PS. Ställ kokboken på hyllan!

Kokböcker föder inga nya tankar, orsakar inga krumsprång, frammanar inga kreativa avvikelser. De ger oss bara instruktioner för hur vi åter ska upprepa det som andra redan tidigare har gjort. Och kanske är det vad som anses vara vetenskap: att tradera. Man ska visa att man behärskar traditionen. Man ska tänka rätt och inte ifrågasätta, inte utmana och sätta de etablerade reglerna på det hala. Spelet ska spelas som det fram till nu har gjorts. Vi vet det vi vet.

Hur gör man om man, trots allt motstånd som lätt kan förutspås från alla håll och kanter, får för sig att lägga kokboken åt sidan, ställa undan den på hyllan? Har man då automatiskt gjort sig metodologiskt omöjlig, straffat ut sig? Eller kan man dra upp riktlinjer och hållpunkter för en metodologi som inte är en kokboksmetodologi med ingredienser som är klara och begränsade?

Vad blir det för metod som vi arbetar med? Kan man ens längre tala om metod, är inte ordet obsolet? Kan vi resa anspråk på att det som vi därefter sysslar med är vetenskap? Kan vi vara sanslösa på ett vetenskapligt sätt? Sluta tänka rätt, och börja tänka fritt?

Vilken är vår, det fria tänkandets metod? Bättre: vilka är från och med nu våra metoder?

Hucks flotte – att inte veta vad man kommer att finna

»... poängen [är] inte att lära oss något särskilt.
Poängen är att göra oss djärva, rörliga, subtila,
intelligenta och objektiva. Och att skänka lust.«

Susan Sontag

Huckleberry Finn, denna tillvarons fribytare och vardagshjälte, denna solskensbestrålade, av Mark Twain påhittade figur. Ett ideal och en ledstjärna när vi utvecklar nya och oprövade undersökningsmetoder? Vad skulle det kunna innebära att använda Huck som metodologisk förebild för vårt sätt att närma oss, vara i verkligheten?

Kan en klassisk pojkbokshjälte, skolkande från skolan, brunbränd, majspipan nonchalant på plats i mungipan, stråhatten likaså, ersätta moderna metodböcker?! Vad kan denna oförvägne, i livets skola examinerade, lära oss om vetenskaplig metod?

Djärva, rörliga, subtila, som Sontag säger. Skänka lust. Det låter uppfordrande, för att inte säga kittlande. Vad det handlar om är inget mindre än att upptäcka världen som om man såg den för allra första gången. Låna den nyföddes fräscha, ännu inte avvaktande hållning till världen.

Att medvetet våga intaga denna på-tröskeln-till världen-attityd, som om ens ögon öppnades för första gången-attityd. Den oreserverade, spejande blicken. Att internalisera den mentala upptäckarberedskapen blir det grundläggande i denna hållning till verkligheten. Det är startpunkten, i oss själva. Det är vi, jag och du, som ska ge oss i kast med verkligheten. Det är oss den väntar på. Med hjälp av en flotte, bildligt talat, med oförvägenhet och öppet sinne. Utan att ha färdiga, standardiserade frågor att utgå ifrån. Inget frågebatteri denna gång! Utan att veta vad det är vi mer precist letar efter. Det återstår ju att ta reda på! Man bör inte veta för mycket innan man kastar loss. Det blir för styrande, en för tung barlast. Vi börjar i sinnet, inte i ansamlat vetande. Världen ska ju upptäckas på nytt!

Serendipity-principen, den härligaste av principer: man vet inte vad man letar efter, och man kommer att finna det man inte kunde veta att man skulle finna. Man kommer att överraska sig själv, slå sig själv med häpnad, alldenstund som blicken fastnar eller snubblar. När det oväntade sker.

Bara man vågar släppa kontrollen och öppna sig för det som man inte på förhand kunde förutsäga. Verkligheten glittrar som Mississippi bara man vågar se efter.

Den tyske publicisten och formmässigt experimentelle författaren, tillika filmaren Alexander Kluge har sagt och jag citerar honom gillande ännu en gång: »Forskaren finner alltid något vid sidan om sitt spår, nästan aldrig avsiktligt eller på tjänstetid.«

Låt dig sålunda inte låsas av en för bestämd och välformulerad avsikt! Våga titta på sidan om det dragna spåret! By occasion kan du göra stora upptäckter! Lyft blicken från den disciplinerande manualen! Glöm det många gånger använda receptet!

Inte Grounded Theory

Det som här förespråkas och som med upptäckarglimten i ögat uppmuntras till, är något annat än det som i litteraturen går under den etablerade beteckningen grounded theory. (Vi strävar ju inte efter att vara grounded, med terra firma under fötterna, vi vill ju ut på vattnet, vara flytande.) Idealet är då att starta i verkligheten, med ganska lösryckta observationer, och sedan foga samman dem, systematiskt begreppsliggöra dessa. Nå fram till en systematisk teori så småningom. Teorin växer fram ur empirin, fogas samman av empirins byggstenar. Teorin är det hus som vi bygger. Kanske vissa till och med tänker sig ett rejält palats. Grand theory.

Teorin blir på sätt och vis ett kontrollinstrument. Det förväntas av oss att vi ska lägga empirisk sten på sten till en teori. Denna är förutsatt från början. Den är ett mål som ska uppnås. Grounded theory är som att embarkera flotten med kokboken nedstoppad i ryggsäcken.

Vår infallsbefrämjande och associativa metod, med flotten väntande i vassen, kanske kan påminna om grounded theory. Men den är ändå något radikalt annat. Kanske når vi aldrig fram, till den grundade teorin. Det blir varken ett hus eller ett palats som ett resultat av våra verklighetsexkursioner. Kanske är det inte ens önskvärt, som vi, metodmässiga vagabonder och anti-datainsamlare, ser det.

Kanske bör till och med den systematiserande ambitionen, att det ska grundas en teori, resolut avvisas. Eftersom vi avvisar instängande tankemodeller, resebeskrivningar.

Graden av förutsättningslöshet i flottprojektet är mycket större, för att inte säga radikalt annorlunda, än hos grounded theory-förespråkarna. Vi kan tänka oss att behålla vår empiri oordnad, låta vår teori vara mindre fast, och ännu på väg. Vi anar ju inte ens, för att dramatisera och höja våra egna förväntningar, vad som väntar oss, vad som finns där ute. Vi är blanka, knappast ens induktiva, eller det som i metodböckerna brukar kallas abduktiva.

Läkare och poliser använder vad som brukar kallas en abduktiv metod. De lägger pussel och samlar indicier utifrån en förföljande misstanke om en sjukdom eller ett brott. De anar intuitivt vilken sjukdomen eller brottslingen är. Vi saknar både sjukdomen och brottet, som ockuperande föreställningar i bakhuvudet. I bästa fall kanske vi sysslar med en intresseväckande eller omöjlig gåta. Men den behöver inte lösas. Det räcker med att veckla ut den, ytterst framställa den cementerande vardagstillvaron som en gåta. Det är allt.

Icke minst för att genomborra vardagens sken, hacka på dess fernissa av färdighet och uttömdhet. Vår metod är såtillvida vardagskritisk. Det är vardagen vi håller till i. Men vi vill inte ha banaliserande vardag. Vi kräver äventyret.

Med vår metod sätter vi verkligheten i rörelse. Vi vägrar att behandla den som ett statiskt fenomen. Vårt ontologiska antagande är att verkligheten aldrig står stilla. Den är i ständig rörelse, som Mississippi. Och vi riskerar att köras ifrån av den, stå där snopna. Men ännu mer fascinerade och tagna.

Betagna samhällsvetare – det vill vi vara!

86

Metod som livskonst

Den tyske allkonstnären och idoge projektmakaren Joseph Beuys menade att Jeder Mensch ist ein Künstler. Varje människa är en konstnär. Det var den devis han ständigt och oförtröttligt upprepade, det som drev honom som konstnär, samhällsvisionär och pedagog. Men inte en konstnär i en traditionell mening, utan en livskonstnär. Även samhällsvetaren är en sådan konstnär. Bara han eller hon vågar tillstå det, vågar tillåta den skapande och nyskapande förmågan hos sig själv. Vågar ta med det in i sitt metodtänkande.

Det är något som vi gör i förlängningen av att existera, under beaktande av de krav vi ställer på existensen. Att leva som något mer än att bara fortleva. Det är en variant av livskonst, ett förstärkt sätt att leva vardagsliv, att bedriva vardagsvetenskap, men inte normalvetenskap.

Ett stort språng har tagits från det inhägnade metodlandskap där befintliga böcker och kurser placerar oss. Vardagsvetenskap är att tillföra vardagen innebörder som inte fanns där innan vi gav oss an denna vardag. Det är vi som välsignar och förtrollar vardagen. Det är vår metod.

Skillnaden mellan liv och vetenskap är efter det metodologiska val vi har gjort en chimär. Som betagna samhällsvetare är vi alltid på jobbet. Vi stämplar aldrig ut. Kontoret har vi på fickan. Datainsamling sker alltid. Verkligheten som upptäcktsfält är aldrig släckt.

Ontologiskt föreställer vi oss således, och är beredda att argumentera för det, den hänförande bilden av en verklighet som är i rörelse och som alltid fortsätter att gäcka oss. För att travestera den försokratiske filosofen, den impressionistiske Herakleitos: vi kliver inte ned i samma verklighet två gånger. Där verkligheten nyss var är den inte längre. Det är det som gör den värd att studera för en samhällsvetare. Vi kan aldrig inmuta den, lägga den till handlingarna, styrka den.

Hur blir man sakletare?

»Skön är all teori – och blir inte mindre skön av att någon enstaka gång fräckt bli motsagd av verkligheten.«
Søren Ulrich Thomsen

Måste man vara född med samma genetiska uppsättning som Huck för att en icke-metodisk, snarare metodologiskt rik samhällsvetenskap ska bli möjlig att bedriva? Är den medhavda personligheten avgörande? Eller föds alla med dessa egenskaper – varje människa är en upptäckare – men riskerar att förbli slumrande och oupptäckta? Kan dessa egenskaper väckas, hur ska det i så fall gå till? Vilken är väckarklockan?

Arbetssättet kräver närvaro och koncentrationsförmåga. Den oförvägna sakletaren Pippi Långstrump, som ombenämner de saker hon stöter på, och därmed döper och återskapar dem, förtjänar också nämnas i sammanhanget. Rörelseförmåga. Nyfikenhet och receptivitet. Att kunna vara både-och. Både vara på plats och inte. Både kunna gräva ned sig och snabbt förflytta sig. Uppfatta och omfatta. Förstora och förkasta. Inlevelse- och utlevelseförmåga. Den empiriska undersökningen är ett dynamiskt, öppet projekt som ska skapas och ledas.

De i undervisningen förekommande metodböckerna riskerar olyckligt nog ställa sig i vägen för utvecklandet av de uppräknade förmågorna. Till och med, även om det inte är syftet, blockera dem. Man tillämpar lydigt och lojalt det som metodböckerna lär ut i stället för att kasta av sig oket. Man väljer tryggheten i etablerade förhållningssätt och strategier framför att våga det oprövade. Man aktiverar inte det som är ens främsta tillgångar. Eftersom ingen begär det av en. Självunderskattning och bristande tilltro till de egna förmågorna upprätthålls. Den metod som man lär sig behärska och kanske blir hyfsat bra på, är på ett självförnekande sätt utanför en själv. När man tänker metod, tänker man inte in sig själv och sina mänskliga tillgångar. Det är ju tabu att vara subjektiv som samhällsvetare.

Main stream som my stream

Hos många av de studenter jag möter och ska jobba med kan jag notera en metodologisk omognad, eller om man föredrar att kalla det yrvakenhet eller förvirring. Avsubjektiverade har de svårt att bolla med metoder, ställa dem mot varandra, tala för och emot dem, umgås på ett ledigt vis med dem. Liksom de har svårt att anpassa metoden efter de frågor som intresserar dem. Det blir lätt allmänna metoder framför specifika, i det senare fallet anpassade efter den undran man går in i ett uppsatsprojekt med.

Metod och frågor går åt skilda håll. Metodvalet placeras före frågorna, tränger tillbaka dem. Man tittar först efter vilka metoder som finns och är godkända som sådana, sedan tar man nästa steg. Förhållningssättet är raka motsatsen till kreativt. Stumhet inträder lätt, förstärkt av fyrkantigheten och checklistorna i metodböckerna på utbildningarna. Man vågar inte lita till sig själv, till någon egen metodologisk fallenhet. Självförtroendet och självtilliten är alltför låg. Akademin är auktoritetsupprätthållande, med för den enskilde studenten förminskande effekter. Studenterna har dessutom svårt i efterhand, vid seminarier när deras uppsatser ska försvaras, att just försvara sitt metodval. Varför de valde det angreppssätt de gjorde och inte ett annat, som kanske hade passat deras frågeställning bättre och givit mer spännande resultat. »Det föll mig inte in«, kan man till och med få höra. Metodutbildningen har stängt av och avskärmat. Alternativa angreppssätt faller en inte ens in.

Main stream har blivit my stream. Och viceversa. Något väsentligt går i samma stund förlorat.

Uppsats som hockeymatch

Alltför färdiga frågor och alltför tydlig förförståelse låser in, skapar intellektuellt och sinnligt motstånd. När man redan innan undersökningen vet ungefär vad man ska finna och därför börjar leta efter det så fort man bara hinner. Ungefär som när man plockar svamp. Studenterna söker det bekanta, där de känner sig trygga. Och de är ivriga att snabbt skaffa sig fast mark under fötterna, finna svampen, även om det bara blir trattkantareller i stället för de gula, de riktiga. Det gäller i en handledningssituation att försvåra och irritera denna benägenhet till självinlåsning.

Syfte, problemformulering, disposition alternativt noga avgiven färdväg bör inledningsvis undvikas. Det som annars brukar anges som oeftergivliga krav att redovisa. Så att de inte blir onödigt bromsande, för att inte säga förvandlas till tankens grimmor.

Jag handledde Olle och Rickard, två studenter som ville skriva en uppsats i företagsekonomi om Timrå IK, det folkkära hockeylaget. De var intresserade av vad organisationen runt isen betyder för lagets framgångar. En jämförelsevis ovanlig infallsvinkel.

Det vanliga är annars att man studerar coachens betydelse för motivationen bland spelarna. Det är ett återkommande tema i uppsatser som handlar om ishockey. Och ett tema som alltid behandlas konventionellt. I tio fall av tio är metoden intervjuer med spelare och tränare, förutom studiet av biografier, om sådana finns att tillgå. Legendariska coacher, med hög självuppfattning, som förre Brynästränaren Tommy Sandlin och förre landslagstränaren Curre Lindström, har naturligtvis tecknat ned sina ledarskapsfilosofier.

Ingen uppsatsskrivare dristar sig till att be om att få vara med i omklädningsrummet före en match och känna av stämningen, vara med på några träningspass, eller, ännu bättre, vara med i båset under pågående match.

Som Richard Hackman, ledarskapsforskare, forskandes om karismatiska dirigenter i världsberömda symfoniorkestrar typ den i Brandenburg, rekommenderade under ett eftermiddagsseminarium med te och kakor på institutionen för sociologi vid Harvard University:»Vill man studera ledarskapet i en symfoniorkester, bör man lyssna efter hur det låter.«

Det är där och ingen annanstans dirigentens betydelse avgörs. Det är sanningens obevekliga ögonblick. Oavsett vad dirigenten tycker och säger om sig själv. Trots en ökad kommersialisering, och ett stigande professionaliseringsbehov av just organisationen runt ett lag, är det ett försummat undersökningsområde. Profilen idrottsekonomi är ännu i sin linda, men om det är något som borde kompetensutvecklas inom idrottsvärlden, är det det ekonomiska tänkandet.

En liten firma i Nordtyskland

Olle och Rickard, själva ishockeyspelare i en klubb, nivån under elitserien, ville nu studera just organisationens betydelse. Vad den skulle kunna tänkas betyda. Inte lätt att klart fastslå. Man tvingas oundvikligen till våghalsigheter. Från att framkasta mer eller mindre djärva uppslag – intelligenta gissningar – till hur det som sker på isen är sammankopplat med det som sker utanför. Det låter sig inte lätt bevisas. Det är inte lätt att övertyga den tvehågsne. Bevismaterialet är inte av den omedelbart övertygande karaktären. Sanningen om organisationens roll ligger inte där och väntar på en, som ett uppslaget matchprogram. Laguppställningen är inte given. Verkligheten är betydligt mer förbryllande än så, förbindelsen mellan administration och idrottsutövande. Men det är inget skäl till att lämna den i fred!

I det här fallet, när syftet med nödvändighet måste vara explorativt, kan man inte tala om orsak – verkan. Man måste gå mer indirekt till väga, med ett stort utrymme för tolkningar, och med hjälp av olika slags data.

Kanske kan man beskriva det som att lägga pussel,

utan att på förhand ha alla bitar givna. Man vet inte vad det blir för pussel när det väl är klart. Man är ute på okänd mark, i detta fall is. Man funderar, cirkulerar med sitt tänkande. Genererar olika påståenden, vissa mycket svåra att empiriskt pröva på ett vedertaget sätt. De handledda (snarare saknade de handledning) kliade sig smått förtvivlat i huvudet. De satt fast i hur de skulle lägga upp uppsatsen. De kikade vilset i metodböcker, både sådana de hade mött under sin utbildning och andra de letade fram på biblioteket. De vände och vred på manualerna. Ska vi göra intervjuer? Kan deltagande observation vara en väg att gå?

Metoden var, ännu en kritisk gång, på väg att ta över och tränga undan frågorna, sabotera den sårbara och delikata, kreativa uppvarvningsfasen. Hotet kom allt närmare. Men om vi gör så här, bara för att komma i gång?!

Handledningstillfällena förvandlades alltmer till smått desperata fråga-svar-sittningar, där vi tillsammans glömde att bromsa in och i stället sökte en snabb lösning. Men på vad?! Även den seniore handledaren, med gråsprängd kalufs, tappade fotfästet, började metodologiskt regrediera, besluta om en metodlösning.

Men plötsligt, i ett sprakande ögonblick, när vi okomfortabla till sinnet trängdes i mitt pyttelilla tjänsterum på högskolan, kom den välsignade lösningen till oss, utan att vi visste hur det gick till. Plötsligt såg vi framför oss uppsatsen. Med ens visste vi. En härlig känsla.

Det är märkligt. Varifrån kommer dessa impulser och uppslag!? De låter sig ju aldrig administreras eller kommenderas fram. De lyder inte, om man vresigt beordrar dem att träda fram. Och var håller de hus, när man som bäst behöver dem? Vem skriver om infallens sociologi? En sociologi om vad det är som händer när infallen kommer. När de strålande idéerna infaller och sinnet får vingar.

Man frestas att citera den snillrike Hasse Alfredson. Han som en gång när han fick frågan av en nyfiken journalist om varifrån han hämtade sina tokroliga Valfrid Lindeman-uppslag, svarade att en liten firma i Nordtyskland ombesörjde leveranserna.

Studenterna kom på att de skulle skriva uppsatsen som en hockeymatch! I tre perioder, med uppvärmning före matchen, pauser, samt eftersnack. Till och med i kapitelrubrikerna signalerade uppsatsen hockeymatch. Varför hade vi inte kommit på det tidigare? Men så är det. Man måste ha tålamod, orka vänta ut det som är på gång. I bästa fall.

Det är lätt att ge upp och gripa första, bästa metod. Bara för att man inte orkar vänta längre. Men det är ingen idé att försöka påskynda det genom att konsultera en standardiserad metodbok. Innan man vet ordet av är man traderande, där man borde vara kreativ.

Korthuggen sportjournalistprosa

Språket i uppsatsen närmade sig på sina ställen typisk korthuggen, svettig sportjournalistprosa. Som vore det ett matchreferat, nedkastat direkt efter slutsignalen. Läsbarheten ökade med ens markant. Det blev en uppsats för andra än de närmast sörjande, de som måste läsa det skrivna och inte kan välja bort det. Den fick plötsligt ett allmänintresse.

Får man verkligen skriva så? När studenterna väl hade funnit den för dem befriande formen, när de hade fått klartecken av mig att de inte måste skriva konventionellt, som alla andra, kom de äntligen loss ur sin gemensamma kramp och kunde skriva. De kunde börja åka skridskor och gå till anfall, för att använda den i sammanhanget närliggande, nästan oundvikliga metaforen.

De hade suttit fast, eftersom de hade börjat med att titta efter hur man ska göra. Det band deras energi, de kom ingenvart. Fram till att de valde ett annat angreppssätt, ett annat sätt att se på saken. Metoden föll därigenom på plats, fick sin rättmätiga uppgift, anpassades efter vad studenterna var ute efter.

De gjorde intervjuer, observerade, läste årsredovisningar och presentationsmaterial. Konventionella metoder. Men mest av allt arbetade de kreativt och upptäckande. De pusslade och konstruerade. De formulerade och förkastade. De pratade med och använde varandra, passade till varandra. De skickade in puckar i anfallszonen och åkte modigt på dem, för att förlänga metaforiken.

De kunde inte stringent bevisa vad de fortlöpande kom fram till, men uppslagsrikt påvisa. Och idogt påminna om den yttre, i bemärkelsen utanför isovalen, organisationens roll för hockeylaget. De skrev fram organisationens växande betydelse för lagets framgångar. De följde ingen mall, utan experimenterade sig fram.

Men resultatmässigt stannade inte uppsatsen i Timrå, i det unika och icke- jämförbara. De vågade sig på att generalisera, dra mer allmänna slutsatser, peka på viktiga implikationer för andra klubbar, hockeylag och andra.

Uppsatsen blev i ordets bästa betydelse diskutabel. Den inbjöd till diskussion och frågeställande, även mothugg och invändningar, förvisso. Vad organisationen betyder för hockeylaget Timrås framgångar på isen tillägnades fler aspekter genom författarnas val av angreppssätt. Fenomenets aspektrikedom ökade genom att studenterna under skrivandet hade fått fart på sitt aspektseende, som Johan Asplund skulle sagt. Genom att skriva som de gjorde.

Med en annan handledning, mindre experimenterande, mindre tillåtande, hade det nog blivit en annan uppsats. Den hade blivit mindre rolig och givande att läsa. Nu fångade uppsatsen läsaren, kanske även den icke hockeyfrälste, snabbt med sin ovanliga och till läsning inbjudande form.

Man rycktes med, fortsatte att läsa, kunde inte låta bli. Man trodde att man var på en hockeymatch, hörde ljuden från isen och publikvrålen. Ja, nästan i alla fall. Man glömde att man satt och klämde en akademisk uppsats. Det var roligare än det brukar vara att läsa en sådan, nästan skamlöst roligt. Hör och häpna! Man hade alltså roligt när man befann sig som åskådare på denna hockeymatch på papper!

Uppsatsen gavs den icke-akademiska titeln *Låt hjärtat va' me'!* I en uppmärksamhetskonkurrensens och uppmärksamhetsmaximeringens tuffa tid är titlar viktigare än vad många akademiker tror. Titeln är det första man ser. Det som i bästa fall drar till sig det hungriga ögat. Antingen fastnar blicken och kan inte slita sig, eller också fladdrar den bara förbi, mot något annat, mer uppmärksamhetsfångande. Språket, formuleringskonsten, äger plötsligt oavvislig, stor betydelse.

Låt hjärtat va´ me´! syftar på att Timrå, trots en professionalisering av organisationen, ändå vill och måste behålla sin karaktär av ett folkets lag, med ett fortsatt stort inslag av ideellt, oavlönat arbete.

Varumärket Timrå ska fortsätta att signalera något folkligt, något i bygden och bland människorna starkt förankrat. Timrå IK har inte råd att förlora sin själ. Ett försvagat varumärke kostar för mycket. Timrå IK – där svensk hockeys störste, den bländande skridskovirtuosen Lennart »Lill- Strimma« Svedberg en gång lirade.

Släng kryckorna och kasta dig ut!

Lärdomen av handledningen av Timrå-uppsatsen blir att studenter ska uppmuntras till att kasta kryckor och säkerhetsbälten. De ska uppmuntras till att ta ut svängarna och våga sig på formexperiment. Så kan kreativitet och infallsrikedom förlösas, instängda förmågor, som man kanske inte ens trodde fanns, släppas fria. Släpp studenterna fria!

Jag delar inte den bland många kolleger förekommande uppfattningen att studenterna, måste hålla sig till en konventionell, beprövad form. Att de inte kan skriva på något annat sätt, därför heller inte ska uppmuntras till det. Att det är förbehållet vissa utvalda att formexperimentera. Och de är, enligt samma, tillbakahållande och defensiva uppfattning, väldigt få, om ens en enda.

Jag delar heller inte uppfattningen att man först måste lära sig skriva enligt en inarbetad och utprövad form innan man kan tillåtas skriva mer fritt. Enligt principen att man först måste krypa, innan man kan lära sig gå.

En gång hörde jag den framlidne professorn emeritus i sociologi, Ulf Himmelstrand, vid ett forskarseminarium i Uppsala nästan självmedlidsamt undslippa sig, när de kritiska kommentarerna haglade mot den text ur hans hand som diskuterades: »Varför kan inte jag få leka, jag som är professor?!« Tilläggas bör, att Himmelstrand var metodologiskt tolerant i professorsrollen. Till skillnad från hans kolleger på Sociologen.

Det ställer förstås stora krav på handledaren. Det gäller att vara lyhörd och lyssna sig till vilken form som är passande i det enskilda fallet. Vilken röst som väntar på att få höras. Vilket uttryckssätt som bäst passar just denna röst. Det gäller att inte okänsligt och förgrovande pracka på studenten en färdig undersökningsdesign. Den måste få växa fram i dialog. I vetskap om att förlösandet av rösten kan och måste få ta tid. Belönande i sig. Resultatet blir bättre än vad det annars skulle ha blivit.

I dagens produktionsinriktade högskolesystem – ett kvantifierande genomströmningssystem – är det som betonas ovan en anomali. Den tidskrävande dialogen innebär ju att man förmodligen delvis arbetar gratis. I gengäld kan man få bevittna, och det blir handledarens sällsamma, icke pekuniära belöning, personlig utveckling hos den man arbetar med. Att studenten börjar konfrontera den egna rädslan, börjar växa så att det knakar. Det är som att få en gåva, att vara med när det sker!

Senast våren 2005 hade jag förmånen att få handleda den subversiva uppsatsen/handboken *Mot anpassningen!*, skriven av det unga, intellektuella yrvädret, tillika språkbegåvningen Tess. Även den en uppsats hållen i en friare form, påminnande starkt om ett manifest eller en pamflett. Till formen inspirerad av Marx och Engels kommunistiska manifest, Valerie Solanas radikalfeministiska dito och handledarens egen *Social Konst!*

När det händer, när man får bevittna hur någon börjar skjuta i höjden är det nästintill svindlande. Reaktionerna från kollegerna får man ta sedan, vad det lider. »Är detta verkligen en uppsats i företagsekonomi?!«

På gränslös upptäcktsfärd i verkligheten, om det så är där hockey spelas eller något annat försiggår. Utan att ställa in äventyret genom att bete sig traditionellt metodiskt! I stället för traditionell metod – äventyrlig. Sätt flotten i vattnet och se vad som händer! Räds icke!

Vårt oss under fanorna samlande slagord blir: Mot Metoden! Vi är en antimetodisk rörelse, försvurna motståndare till all metodik, all metodlära. Fantasin är vår metodologi. Uppslagsrikedomen. Vi låter oss inte hejdas.

Vi är alla metodologer.

Men kan man lita på det?

Inom akademin uppmanas studenter och forskare att skriva »vi« och därmed stoppa in sig själva, som enskilda personer, i ett majestätiskt pluralis. Absolut inte skriva jag, aldrig någonsin jag. Skriver man jag beskylls man för att vara solipsistisk, subjektivistisk, hålla på med idiosynkrasier. Och det får man inte göra! Men, om vi vänder på det, vad händer om man börjar skriva jag? Om man använder sig själv, sätter sig själv i centrum, slutar gömma sig bakom ett »vi«, som ändå bara är en mask, en eftergivenhetens konstruktion? Den inre rösten ger sig omedelbart till känna, the voice of Traditional Scientific Method. Blir det verkligen tillförlitligt då, om man gör så, med öppet sinne ger sig ut och använder sig själv som instrument? Kan vi ha några som helst anspråk på det som kallas validitet? Inte riktigt, men nästan som en Hunter S. Thompson. Inspirerande i sin stora oförvägenhet, i det stolta framhållandet av sitt jag. Den framlidne, djupt subjektive och passionerade amerikanske verklighetsutforskaren, journalisten på *Rolling Stone*, författaren till böcker om spektakulära fenomen.

Det var förstås ingen tillfällighet att han sökte sig till Amerikas undersida, dess många okända bakfickor. Till ämnen som andra, de mer städade medelklassjournalisterna, ratade. I och med själva ämnesvalet fattades ett metodbeslut. När han studerade de skräckinjagande

Hells angels och andra för vetenskapen fram till dess okända fenomen.

Han lika mycket skapade och uppfann sin verklighet som upptäckte den. Om det nu inte var samma sak i Thompsons brinnande fall. Verkligheten filtrerades genom Thompsons, ibland med hjälp av kemiska preparat och destillerade drycker medvetandeutvidgade, temperament. Han hjälpte sitt redan uppammade, passionerade förhållningssätt till tillvaron på traven.

Om någon annan än Thompson hade givit sig på samma ämne, hade det inte blivit samma resultat. Thompson satte sin signatur under sina reportage. Man kan omedelbart känna igen en Thompson. Man tar inte miste. Han var en auteur, som man brukar säga om personliga filmregissörer.

Och är det inte signaturen, vår egen signatur, vi ska sätta under det vi gör? Med vår existens i världen, även på akademin, göra skillnad? Varför göra det som andra kan göra, varför vara en imitatör, när man kan vara sig själv? Du är din metod.

Men efter att ha givit oss själva ett så stolt uppdrag: hur blir det med den omtalade bevisföringen, med beläggandet? Hur styrker man? Hur övertygar man den skeptiske? Hur återge det som man har funnit på ett tillräckligt övertygande sätt? Så att andra, som inte har varit med på flotten, tror på det man säger, finner det värt att lyssna till, ta det i beaktande? Finner det värt att diskutera?

»Förvåna mig«, skrev Lars Forssell uppmanande i en dikt. Han menade det positivt. Förvåna mig. Visa mig något som jag inte tänkt på, inte trodde fanns. Berör mig, ställ mig. Kanske är det att förvåna det handlar om, som en viktig beståndsdel, ett signifikativt kriterium, i vårt fall? Oj då, kors i taket, det hade jag inte tänkt på! Det var då också en infallsvinkel som heter duga! Du har onekligen en poäng. Var får du allt ifrån? Som när man berättar en god historia. Det är poängen man vill åt. Det är den som fäller utslaget. Och den kan vara olika saker: roande, grotesk, upprörande eller sedelärande.

Andra bedömningskriterier

Det är andra kriterier än de gängse som måste brukas en sådan här gång, för att man ska kunna vidga metodbegreppet. Utan att förlora det ur sikte. Det man gör, när man inte gör som det brukar göras, måste försvaras och motiveras på andra grunder, än vad som brukligt är. Man kan inte försvara en okonventionell ansats på den konventionella ansatsens grund! Man riskerar i så fall att göra sig själv en björntjänst, skjuta sig själv i foten.

Man behöver inte, ska inte, backa när det blåser upp till seminariestorm och de som inte vet eller hört talas om något annat går till strid. Mer eller mindre förbittrade på den som har valt en annan väg än de själva. Den som väljer bort den smala metodvägen kan riskera komma att uppfattas som ett hot, en anklagelse.

Dissidenten, avvikaren, påminner om att anpassningen inte är det enda möjliga sättet att vara på. Att icke-anpassningen existerar som ett möjligt förhållningssätt i världen.

Jag minns en uppsats som handlade om att läsa. Vad det är man egentligen gör när man läser. Den var skriven som en essä, fortlöpande sökande och prövande. Varje ny sida innebar ett nytt uppslag för att närma sig en förståelse av läsandets uråldriga konst. Om man ska innehållsdeklarera uppsatsen, vad den ville, kan man, för att travestera Johan Asplund, säga att det handlade om undran inför läsandet. Odogmatisk undran. Oförställd och gravt nyfiken. Det handlade om att försöka distansera sig till läsprocessen och lämna förslag om vad läsande kan vara. Föreslå innebörder som det annars aldrig reflekteras över, när vi bara läser, sjunker in i en text, tar läsandet för givet och oproblematiskt.

Lotta, författaren, ville inte torrt och ytligt förklara vad det är vi gör när vi läser, utan snarare fördjupa innebörden i läsandet som praktik. När vi ägnar oss åt att läsa, ögonen far över raderna, händer något som vi vanligtvis inte brukar reflektera över. Vi meta-läser vanligen inte. Vi kikar inte över axeln på oss själva som läsare. Vi lämnar oss själva och vårt läsande i fred.

Men vad gör vi när vi läser?!

Metoden kommer sedan

Uppsatsen mötte stark, för att inte säga förbittrad kritik. Uppsatsen lästes av de två opponenterna, med mallen för hur man skriver akademisk uppsats i bakhuvudet, som om den var en konventionell uppsats och skulle bedömas som en sådan. Författaren tog illa vid sig av kritiken, höll på att börja backa.

Hon började försvara uppsatsen på en annan grund, lyfte inte fram dess speciella förtjänster. Vad den lyckades med genom att hon hade valt det angreppssätt som hon hade gjort. Hon blev stressad och började att överge sin egen uppsats, förråda sin egen ansats. Men hon kunde ha valt att hänga upp sin plädering på den enkla principen ändamålet helgar medlen. Vill man fördjupa och problematisera vad det är att läsa, måste man välja metod efter det, och inte bete sig schabloniserande, eller tillrättaläggande.

Mycket handlade förstås om Lottas eget läsande. Vad hon kunde upptäcka hos sig själv och uttrycka genom prövande formuleringar, med mer allmängiltiga implikationer. Så att andra kan börja betrakta sitt läsande. Som med nya ögon.

Metoden var ändamålsenlig. Och metoden är ju det som kommer sedan. Aldrig det vi först av allt bör lägga vår energi på. Om nu inte »metod« tillåts rymma det som annars inte brukar hänföras till det. Metod som så mycket mer än det som man hittar i de befintliga metodböckerna.

Det kändes inte bra efter seminariet, varken för författaren eller handledaren. Det som hade hänt under seminariet fortsatte att gnaga. Hade något ändå gått fel på vägen? Hade vi varit oförsiktiga, onödigt utstickande? Hade jag som handledare skickat ut en icke simkunnig på djupt vatten? Skadat den goda saken? För att få en second opinion, eller snarare läsas av en extern person som inte var inblandad i examinationen, skickades uppsatsen till dåvarande litteraturprofessorn vid

Göteborgs universitet, Lisbeth Larsson. Hon gav den mycket beröm.

Larsson har forskat om kvinnors läsande av det som kallas pigromaner. Hon har bärgat ganska så uppnosiga och hädiska slutsatser. Till förtret för de kvalitetsstämplande litteraturvetare som vill skilja bra från dålig litteratur. Hon läste inte uppsatsen som en konventionell sådan. Hon såg dess säregna förtjänster, lät den stå på egna ben. Och först då började den tala. Befriad från konventionellt kravställande blev den intressant, dess ton frimodig. Man kunde höra Lottas röst.

Och man får lust att otåligt utbrista: Vad begär ni mer?!

Kunna övertyga

Den retoriska fallenheten blir med ens mycket viktig. Ytterst handlar det om kraften och förmågan att kunna övertyga. Vara övertygande, inte vacklande och defensiv. I berättandet om vad det var man gjorde måste finnas en övertygande kraft. Det är där man kan lägga ned mycken möda. När man ska återberätta, rapportera om vad man fann eller stötte på. Så att det man presenterar inte enkelt bara kan viftas bort som spretande spekulationer och löst tyckande. Eller avfärdas som anekdotiskt, rapsodiskt eller impressionistiskt. Vanliga skällsord i akademiska sammanhang.

Uppslagsrikedom och oväntade infallsvinklar står inte särskilt högt i kurs på akademin. Nyskapande anses inte vara något värde i sig. Mot det som får en att tappa andan och förlora fotfästet ställs det gedigna och präktiga, det småtråkiga. Det man frestas kalla medelklassvetenskapen.

Innan man ger sig ut på empirisk jakt, är det nödvändigt att man tränar framställningsform. Att man tillsammans, studenter och handledare, diskuterar för- och nackdelar med olika skisserade framställningssätt. Att man söker bärande argument för att motivera ett visst framställningssätt. Att man visar på dess potentialer och styrkor.

Handledningen vinner på att den sker med en grupp studenter, inte enskilda. Så att studenterna kan förstärka varandra, hämta stöd sinsemellan, matcha och sparra varandra. Att skriva metod är lika viktigt som att tänka metod. Skrivövningar av olika slag på metodkurser utgör ett värdefullt, framåtblickande inslag. Kreativ metod förutsätter att man praktiserar, skriver mycket och ofta. Man hugger i sten, skissar, drar tillbaka, börjar om, kastar sig in i textutveckling på nytt. Det är inget som man kan läsa sig till i metodböcker, inget som någon föreläsare kan bibringa en. Hur man gör.

Blott övning ger färdighet. Blod, svett och tårar hör till det idoga metodövandet. Men, förstås, också oväntade lustkänslor. Jag har i undervisningen flera gånger använt mig av vad jag har kallat metodkrig, ett slags rollspel. Studenterna har delats in i två grupper: en grupp har fått försvara kvantitativa metoder, vara hårddataknuttar. En annan grupp har fått sig tilldelad att försvara kvalitativa metoder, varit mjukdatanissar.

Och så har arméerna mötts i strid och försökt besegra varandra med argumentets kraft. Genom att hitta alla fördelar de kan påvisa hos den egna ansatsen och alla tänkbara svagheter hos motståndaren. Det gäller att se just svagheterna hos den andre, men även blottorna hos sig själv, försöka finna den metodologiska Akilleshälen.

En nyttig övning! Tillika uppskattad. De flesta gångerna har hårddataknuttarna vunnit den verbala bataljen, vad nu det kan bero på.

Min erfarenhet är att studenter som väljer att skriva okonventionellt, i seminariesammanhanget kan visa en tendens att två sina händer och börja försvara sin uppsats som om det vore en annan uppsats, en mer konventionell sådan. En hopplös uppgift.

Man kan i och för sig förstå att studenter backar. Dels för att de är oerfarna och metodologiskt vilsna. Dels för att det ej har ingått något metodkrig eller någon konfrontationsövning i undervisningen.

Argumenten har ej behövt vässas. Undervisningen har mer handlat om indoktrinering i befintliga metoder, än uppmuntran till eget metodologiskt (ny)tänkande. Metod har blivit något man vid olika tillfällen lär sig, inte något man ständigt utövar. Det ses som en inhämtad färdighet och inte en pågående process.

Många angreppssätt, inte bara en lösning

Antimetodundervisningen vinner på att knyta an till exempel, så mycket som möjligt. Den bör inte vara för allmän. Varje exempel väljs för att vara unikt och mångbottnat. Det finns då inte ett angreppssätt, ingen standardlösning. Det är inget korsord som ska lösas.

Men kanske man kan lyfta fram vissa återkommande

mönster, registrera viss erfarenhet som trots allt ansamlas. Alla misstag behöver ju inte göras om på nytt.

Biografier borde ingå i undervisningen. Att på ett levandegörande sätt studera hur andra har gjort. Samhällsvetares biografier skulle förmodligen ge mycket mer än de fackböcker som de släpper ifrån sig. Förutsatt att biografierna är ärliga och subjektiva. De samhällsvetenskapliga projekten är förunderligt blodfattiga, luktar inte människa. Man vädrar inte konflikt och eld, drömmar och tillkortakommanden. Det slår inte gnistor om texten! Som om man måste förfina, slipa av och rätta till när man författar fackböcker. Aldrig uppröra, aldrig beröra. För då är det ju inte längre vetenskap.

Boston och det röda RUC

Det talas om case-pedagogik, fallstudier eller problembaserat lärande, det senare förkortat pbl. Harvard Business School (HBS) i Boston, med sina case studies som bärande undervisningsform, är en föregångare.

Våren 1987 hade jag förmånen att få vara visiting professor vid det flotta HBS på Soldiers Field, och för de amerikanska kollegerna skulle förklara vad en skriftlig tentamen är. Ännu mer varför sådana utantilläxor används i ett seriöst menat examinationsförfarande.

Linköpings Universitet är tvärvetenskapligt och temaorienterat. Det har gjort sig känt för vad de kallar problembaserad undervisning. Värt ett studiebesök, kanske med hjälp av metoden deltagande observation. Kanske »wallraffa«. Göra som den tyske skriftställaren Wallraff uppträda under förklädnad, som han gjorde när han ville avslöja hur turkiska gästarbetare har det, eller hur det går till inom Springerpressen.

Universiteten i Roskilde, tidigare känt som det röda RUC (Roskilde Universitetscenter) och Aalborg var tidigt framsynta, vad gäller projekt- och problemorienterad universitetspedagogik. Ta bara en oförtröttlig eldsjäl och inspiratör som Knud Illeris. I RUC kopplat till en uttalad samhällskritik från vänster. Det föranledde den högerpopulistiske politikern Mogens Glistrup att en gång föreslå att man skulle stänga det för honom förhatliga universitetscentrat, asfaltera området, göra om det till parkeringsplats. Danska exempel väl värda att studera, kanske överskrida. Man kan inte låta bli att imponeras, när man har fått närvara vid en vejledning, av studenternas frejdighet och av vejledernes förmåga att föra de ofta komplexa projekten vidare.

De cases som används när okonventionell metod står på schemat måste vara omsorgsfullt utvalda. Så att de befrämjar bevarandet av och visar respekt för det öppnade sinnet. De får inte innehålla medföljande lösningar eller facit.

De måste förbli olösta, skapa förundran, skärpa det kreativa sinnet. Såtillvida vara knepiga, finurliga. Man ska både kunna lyckas och hugga i sten. Endast då är det bra cases. Endast då kan vi tala om en case-pedagogik värd namnet.

Det öppna undersökandet av verkligheten, för att inspirera och smitta andra att göra likadant. Men kanske inte på samma vägar, som man själv beträdde.

Upprepning är inget självklart gott. Därmed faller ett av de krav som brukar resas i dessa sammanhang: att om en annan person använder samma metod, ska han eller hon kunna se samma sak, det som kallas reliabilitet eller intersubjektivitet. Någon kokbok, där resultatet blir samma mat, på ett ungefär i alla fall, oavsett vem som lagar till den, blir dock inte möjligt med denna boks metodologiska rekommendationer.

Det är när det bärgade ska avrapporteras, som det blir högintressant. Skrivandet av dagbok eller loggbok under resans gång är att rekommendera. (Se hur den polske författaren Gombrowicz använder dagboken som metod!) Så att man kan använda det antecknade som bevis. Eller kanske snarare i stället för bevis. Att man kan rekonstruera och berätta om hur det var när man var gäst hos verkligheten. Ta med läsaren, den storögt eller skeptiskt lyssnande, tillbaka dit där man var.

Det är också bra för en själv att föra loggbok eller arbetsjournal. Man får fatt i flyktiga reflektioner som annars riskerar bara rinna igenom en.

Måste vi se samma verklighet?

» ... min kärlek till verkligheten ...
i hela dess längd, från hjässa till häl ...«

Pier Paolo Pasolini

Klassiska, socialpsykologiska experiment visar på faran att börja uppfatta saker på samma sätt. Därigenom skapas social enögdhet. Måste vi se precis samma verklighet? Blir det inte betydligt mer spännande med en mängd olika bilder som strider mot varandra, som i dialog med varandra kan skapa eller frammana en verklighet? Förmågan att kunna se och upptäcka andra verkligheter, gå vidare, blir central. Att man inte nöjer sig med en föreslagen verklighetsversion. Det ställer krav på att man aldrig sätter en definitiv punkt. Punktsättandet är bara tillfälligt, aldrig slutgiltigt. Våra forskningsrapporter är just rapporter, inga färdiga verk. De uppsatser som man skriver är bara deluppsatser, rapporter utmed vägen, aldrig The Grand Paper. Det provisoriska och ofullbordade tar oss vidare. Endast så underhålls tänkandet.

Nya infallsvinklar ska hela tiden kunna påföras, nytt ljus kastas över verkligheten. Frågetecknen förbli hängande, nya frågor seglar in. Vi kommer aldrig fram. Det är ett intellektuellt projekt vi ägnar oss åt, inget strikt utredningstekniskt. Det är det fortsatta frågandet, nästa fråga, som är vår otålige uppdragsgivare. Mot denna fråga är vi lojala – inte mot någon annan. Därigenom behåller vi en intellektuell hederlighet. Vilket också är ett moraliskt ställningstagande.

Bortsett från en tidigare antydd kritik av forskarteam, är det nödvändigt att det på utforskningsflotten finns minst tre personer, det ideala talet, så att inte två personer övertygar varandra att se samma sak. En person är för lite. En person har fullt upp med att klara flotten, hålla kursen, och hinner inte med allt det som är runt omkring.

Den tredje spelar rollen som djävulens advokat. Han eller hon blir den som förhindrar intersubjektivitetens ständigt närvarande frestelse, att man ser samma sak, och bekräftar varandras seende. Den tredje är det störande och tillförande inslaget. Nageln i ögat. Stenen i skon. Den oförytterlige, som påminner om världens oförklarlighet, åtminstone stör med obehagliga frågor. Expeditionen tillåts inte bara flyta på.

Tredje personen är den viktigaste ombord. Denna förväntas vara den som garanterar att världen inte kategoriskt ses som något antingen – eller. Utan är den som hela tiden påminner om att det finns något tredje, något som är mer än antingen – eller. Världen förblir större än vad två personer kan uppfatta med gemensam blick. Expeditionen fortsätter. Bakom nästa vassrugg väntar något ytterligare, något som vi hittills har förbisett. Låt oss skyndsamt ta oss dit och inte vara nöjda med vad vi fram till denna stund har sett!

Det viktiga är att behålla och vårda en kreativ oenighet om vad det är man ser, och vad som kan tänkas om det. Att man inte avslutar och sätter punkt, försöker bli eniga, bara för att oenighet skrämmer. Den svenska konsensuskulturen, i landet Konformistan, är en farlig fiende. Allt ska rundas av, sammanfattas. Man ska bli överens och nå fram till ett protokoll, som alla kan ställa sig bakom och underteckna. Så att alla blir nöjda.

Förödande för den alla sammanträdesrum och allt protokollskrivande hatande kreativiteten! Den skapande tillvarons fundamentala kraft! Man avslutar inte expeditionen, tillbakalutad och nöjd med vad man har funnit. Utan man är beredd att vända tillbaka. Och det finns fortfarande oändligt mycket kvar att upptäcka där ute! Man når aldrig verklighetens yttersta gräns.

All forskning är fortsatt forskning. Research in progress.

Vetenskaplig metod när den inte är vetenskaplig metod

»Snälla, sätt inte griller i huvudet på studenterna!« Jag citerar en bekymrad och orolig kollega. Disputerad. Erfaren. Jag vet. Man kan inte bara utan vidare börja tillämpa det som någon kanske skulle frestas att kalla anti-metoder, eller icke-metoder, utan att först träna sig i det, känna på och pröva. Det vore att göra studenterna en björntjänst, kasta ut dem till vargarna, utan att de är beredda på det.

Förberedelser, uppvärmning och uppmjukning är nödvändigt för att man inte ska riskera att helt gå vilse i okänd och skrämmande terräng. Man måste känna sig trygg som metodologiskt experimenterande.

Men det traditionella metoder gör, är att inge känslan av falsk trygghet. Att man befinner sig på säker mark, om man tillämpar dem. Man vet vad man gör, dock kanske utan att riktigt veta varför man gör det.

Det vet man inte här heller, på Mississippis böljor. Man vet inte riktigt vad det är man gör. Det är det som är det verkligt spännande i projektet. Man förlorar den falska tryggheten och den illusoriska känslan av att hålla till på säker utforskningsmark. På en flotte befinner man sig i ett element som flyter. Panta rei, allt flyter, som redan Herakleitos visste.

Osäkert är det – men aldrig stelnat.

Metodologiskt flow

Till de förberedande metodövningarna skulle, förutom ett förhoppningsvis glatt, stimmigt och högljutt metodkrig, kunna höra att skriva en text genomgående med små bokstäver, och utan rubriker. För att få ett flöde och hitta ett tempo, en rörelse, placera sig själv och sitt skrivande i ett metodologiskt flow.

- Man kan leka med att begränsa antalet tecken, gå ned i format för att undvika att man tillkrånglande hänger på reservationer och inlindningar. Akademiska uppsatser följer dessvärre ofta det tjatiga mönstret, att man först mångordigt talar om vad man ska göra. Sedan gör man det, likaså mångordigt. Och därefter talar man mångordigt om vad man har gjort. Tålamodet hos läsaren sätts hela tiden på svåra prov.
- Man kan, med olika medel, tvinga sig själv att göra språket kraftfullt och vässat, att poetisera och minimalisera. Skapa begränsningar för sig själv, för att

tvinga fram fokusering och motverka verbal utsväv-
ning.

• Att läsa reklamtexter och annonser, njuta av de profes-
sionella marknadskommunikatörernas sparsmakade
och expressiva estetik, spänsten i framställningssättet,
kan vara nyttigt.

• Likaså att visualisera, arbeta med bilder som fram-
ställningssätt. En bild säger mer än tusen ord, kanske.

• Vidare att ta del av kontroversiella avhandlingar och
uppsatser, vetenskapliga texter där det har uppstått
bråk. Försöka lyfta dem genom att vässa den meto-
dologiska argumentationen. Göra sig till retroaktiv
medförfattare, tvingas konfronteras med sina egna
föreställningar och antaganden om hur det ska eller
bör vara. Konfrontera alla inre demonregissörer som
styr, svara den inre vetenskapsrösten.

Det är nog förmodligen så att det inte räcker med att
visa att den ansats som man har valt är fruktbar. Den är
inte självberättigande. Man måste också argumentera
för den, lyfta den till en meta-nivå, tala om den. Det
är förresten märkligt, för att återanknyta till visualise-
ringsidén, att samhällsvetenskapen i den postmoderna
bildåldern fortfarande är så traditionellt textorienterad
och skeptisk inför, för att inte säga rädd för, bildan-
vändning.

På marknadskommunikationens område vet man det
redan, att bilder och illustrationer har en övertygande
kraft, som vida överstiger texters, det skrivna ordet. Sam-
hällsvetare är traditionella textare. Vår värld är bildlös.
Kanske är det därför som samhällsvetenskapen mesta-
dels känns så torftig och färglös. Prosaisk. Diskbänksre-

alistisk. Det händer inget i den. Den luktar grå vardag, disktrasa som borde sköljas ur.

PS. Älska äventyret!

Äventyret är långt borta, om man ska tro samhällsvetarna och deras metodböcker. Men, tro mig. Det finns! Så låt oss återvända till frågan om metoden inom samhällsvetenskapen. Den samhällsvetenskap som vågar vara äventyrlig, älska äventyret.

Metodövningar – utan facit

Syftet med listan nedan på tänkbara ämnen att fördjupa sig i är att stimulera och uppmana till att tänka i annorlunda metoder, vara kreativ och uppslagsrik. Vrida och vända på ämnena och infallsvinklarna. Ta ut svängarna. Försöka överraska sig själv, överskrida sina egna begränsningar. Låsa upp sig själv. Hur gör man? Något facit eller någon mall lämnas inte. Kokbokstänkandet har vi övergivit. Det finns ingen enda eller rätta vägen. Undersökningsvägen måste man anlägga själv.

Hur man ska eller bör göra lämnas öppet. Det överlämnas till dig. I första hand till dig som student, såsom varande eller blivande uppsatsskrivare. Men även till dig som handledare och metodundervisare.

Förslagen på metoder, de summariska tipsen i vissa fall, med förstås starka frågetecken efter, är enbart tänkta att vara tanke-igångsättande. De kan i bästa fall fungera som avstamp och inspiration, men inget mera.

Det är du som ska göra det, finna angreppssättet. Även kanske formulera eller omformulera huvudfrågan. Ensam eller tillsammans med andra.

Förhoppningsvis är du, efter att ha läst denna bok, ivrig att kasta dig ut i vad som absolut kan bli roliga studier av verkligheten.

Förhoppningsvis känner du dig efter läsningen metodologiskt utmanad, ivrig att sätta i gång, med öppnade ögon kasta dig ut i empiriska studier.

Det rekommenderas dock att du tänker på hur du ska plädera för den metod/de metoder som väljs. Att du, gärna med andra, utvecklar goda argument för ditt angreppssätt. Så att du när ditt alster ska försvaras står pall och inte kryper undan.

Metodstriden fortsätter! Du har allt att vinna!

Förslag på övningar i det metodologiska tänkandet:

- Bostadsområdet »Orten«? Kartläggning – förändring. Hur skapa integration? Vilka uttryck tar sig denna segregation? Finns det osynliga sådana? Är segregationens mönster unika just för Orten eller är Orten bara ett typfall bland andra? Statistisk undersökning? Aktionforskning? Deltagande observation? Ska ortsborna själva involveras i studien? Hur då i så fall?

- Vargskräck som fenomen. Vad är vargskräck? Undranstudie? Intervjuer med jägare? Vara med i skogen under jakt?

- Människors beteende på ett IKEA-varuhus. Deltagande eller icke-deltagande observation? Intervjuer? Shoppa själv? Prya i kassan eller ute i varuhuset?

- Biltrafik som socialt drama. Deltagande observation av dramatiska minisituationer genom att själv bege sig ut i trafiken? Socialpsykologiskt experiment?

- K-samhället – myt/verklighet? Ideologikritik, granskning av förhärskande föreställningar? Sökandet efter belägg/motbelägg? Litteraturstudie?

- Tankefigurer i industribygd i omvandling. Hur kommer man in under huden på människor? Hur kommer man åt att frilägga dessa tankefigurer? Var syns de? Vad är en tankefigur? Aktionsforskning för att krossa dem? Hur gör man i så fall? Involvera konstnärer?

- Olydnad – bra eller dåligt? Vad är olydnad? Kan olydnad vara bra för en arbetsplats eller ett samhälle? Hur då? Kan frågeställningen studeras empiriskt?

- Social interaktion i en trappuppgång. Tips: studera kroppsspråk, hur människor möts, hur de förhåller sig till varandra i hissen, när de går ut med soporna, om de ringer på hos varandra, lånar saker av varandra, bjuder in varandra...

- Rastlöshet som fenomen. Tips: historiskt perspektiv. Har rastlöshet alltid funnits? Hette det något annat tidigare? Hur hitta rastlösa människor om man vill studera personlighetstypen? Är det en bestämd personlighetstyp eller snarare något mellanmänskligt? Eller kopplat till arbetsplats? Eller till samhällsanda?

- Bandymatchens sociala koreografi. Eller någon annan idrottsgren. Kanske en övning i aspektseende och i att utveckla fler aspekter än dem man omedelbart kommer att tänka på?

- Fotnotens roll i vetenskapliga texter – hur studera denna?

- Internet som jagets spegel – hur studera?

- Irritationens sociala strukturer.

- Bagatellens sociologi.

- Varje människa är en konstnär – förändringsprojekt. Hur sprida budskapet? I samarbete med myndigheter, folkrörelser, fackföreningar, nätverk? På vilka sätt, konventionella och/eller nydanande.

Litteraturtips

Klassiker

Bourdieu, P. (1992). *Kultur och kritik: anföranden*. Göteborg: Daidalos. [Måste räknas till de moderna klassikerna bland samhällsvetarna. Oerhört inflytelserik med sina begrepp kulturellt kapital och kulturellt fält.]

Comte, A. (1979). *Om positivismen*. Göteborg: Korpen. [Comte brukar kallas positivismens fader.]

Smith, A. (1995). *Adam smith: an inquiry into the nature and causes of the wealth of nations*. Pickering & Chatto. [Smith brukar, trots att han var moralfilosof till facket, omnämnas som nationalekonomins fader.]

Weber, M. (1991). *From Max Weber: essays in sociology*. (New ed.) London: Routledge. [Weber räknas till sociologins klassiker.]

Wittgenstein, L. (2005). *Tractatus logico-philosophicus*. (3. tr.) Stockholm: Thales. [Ett därefter övergivet försök att så korrekt som möjligt spegla en föreliggande verklighet.]

Konventionella metodböcker

Alvesson, M. & Sköldberg, K. (1994). *Tolkning och reflektion: vetenskapsfilosofi och kvalitativ metod*. Lund: Studentlitteratur.

Arbnor, I. & Bjerke, B. (1994). *Företagsekonomisk metodlära.* (2. uppl.) Lund: Studentlitteratur.

Backman, J. (1998). *Rapporter och uppsatser.* Lund: Studentlitteratur.

Bell, J. (2000). *Introduktion till forskningsmetodik.* (3. uppl.) Lund: Studentlitteratur.

Bjereld, U., Demker, M. & Hinnfors, J. (1999). *Varför vetenskap: om vikten av problem och teori i forskningsprocessen.* Lund: Studentlitteratur.

Bryman, A. (2002). *Samhällsvetenskapliga metoder.* (1. uppl.) Malmö: Liber ekonomi.

Ejvegård, R. (1996). *Vetenskaplig metod.* (2. uppl.) Lund: Studentlitteratur.

Ekholm, M. & Fransson, A. (1992). *Praktisk intervjuteknik.* (4. uppl.) Stockholm: Norstedt.

Eriksson, L.T. & Wiedersheim-Paul, F. (2001). *Att utreda, forska och rapportera.* (7. uppl.) Malmö: Liber ekonomi.

Holme, I.M. & Solvang, B.K. (1997). *Forskningsmetodik: om kvalitativa och kvantitativa metoder.* (2. uppl.) Lund: Studentlitteratur.

Kvale, S. (1997). *Den kvalitativa forskningsintervjun.* Lund: Studentlitteratur.

Lundahl, U. & Skärvad, P. (1999). *Utredningsmetodik för samhällsvetare och ekonomer.* (3. uppl.) Lund: Studentlitteratur.

Starrin, B. (red.) (1991). *Från upptäckt till presentation: om kvalitativ metod och teorigenerering på empirisk grund.* Lund: Studentlitteratur.

Trost, J. (2001). *Enkätboken.* (2. uppl.) Lund: Studentlitteratur.

Vedung, E. (1998). *Utvärdering i politik och förvaltning.* (2. uppl.) Lund: Studentlitteratur.

Wärneryd, B. (red.) (1990). *Att fråga: om frågekonstruktion vid intervjuundersökningar och postenkäter.* 5., [omarb.] uppl. Stockholm: Statistiska centralbyrån (SCB).

Annorlunda metoder och metodkritik

Asplund, J. (1983). *Om undran inför samhället.* Lund: Argos. [Hur gör man när man undrar? Vad är aspektseende?]

Asplund, J. (2002). *Avhandlingens språkdräkt.* Göteborg: Korpen. [En av de största stilisterna inom svensk samhällsvetenskap om språkbruket i avhandlingar.]

Baudrillard, J. (1990). *Amerika.* Göteborg: Korpen. [Empirisk undersökning som road movie.]

Ehn, B. (2001). *Universitetet som arbetsplats: reflektioner kring ledarskap och kollegial professionalism.* Lund: Studentlitteratur. [En wallraffare på den egna arbetsplatsen.]

Ekstrand, L. (2015). *Varje människa en konstnär: livskonstnären och samhällsvisionären Joseph Beuys.* (3. uppl.) Göteborg: Korpen. [Till försvar för det konstnärliga utforskandet, genom fyndiga aktioner och installationer, av verkligheten.]

Eneroth, B. (2014). *Hur mäter man vackert? [Elektronisk resurs].* Natur & Kultur. [Plädering för kvalitativa metoder och studiet av det icke-mätbara.]

Feyerabend, P. (2000). *Mot metodtvånget: utkast till en anarkistisk vetenskapsteori.* Lund: Arkiv. [Lite orättvist beskylld för att förespråka anything goes.]

Ginzburg, C. (1988). *Ledtrådar: essäer om konst, förbjuden kunskap och dold historia.* (Jubileumsutg.) Stockholm:

Häften för kritiska studier. [Man kan säga att deckarens sätt att arbeta ses som en förebild.]

Larsson, L. (1989). *En annan historia: om kvinnors läsning och svensk veckopress.* Diss. Lund: Univ.. Stockholm. [Ett upptäckande läsande av pigromaner på tvärs.]

Nilson, G. (1977). *Sociodramer: rånardramat och Hylands hörna.* Göteborg: Korpen. [Nilson fördjupar sig i det sociala dramat och hur det kan studeras.]

Wiklander, L. (1998). *Intertextuella strövtåg i Akademia: måhända som en galaktisk reseskildring anno 1998.* Diss. Stockholm: Univ.. Stockholm. [Den första avhandlingen – framlagd i företagsekonomi – skriven som hypertext. Vem som helst kan i princip gå in och göra sig till medförfattare.]

Utstickare

Adler-Karlsson, G. (2003). *En uppblåst bakteries memoarer.* Stockholm: Capri Institute. [En kontroversiell ekonomiprofessors självbiografi.]

Christensen, E. (2000). *Borgerløn: fortællinger om en politisk idé.* Højbjerg: Hovedland. [Icke-godkänd doktorsavhandling.]

Ekstrand, L. (1979). *Från konsul Göransson till MBL: om lokal facklig kamp i Sverige.* Diss. Uppsala: Univ.. Uppsala.

Grassman, S. (1991). *Krisen: en svensk sannsaga.* Stockholm: Carlsson.

Grassman, S. (1991). *Från det lydiga landet: essäer & dagsprosa.* (1. uppl.) Stockholm: Ordfront.

Liukkonen, P. (2005). *Skandalen på Stockholms universitet: överhetens kupp mot företagsekonomer.* (1. uppl.)

Norsborg: Oskar media. [En oförsonlig kritik av den omilda behandlingen av en vetenskaplig institution.]

Vetenskapsteori och ontologi

Andersson, S. (1979). *Positivism kontra hermeneutik.* Göteborg: Korpen.

Andersson, S. (2004). *Om vetenskapens gränser: socialfilosofiska betraktelser.* Göteborg: Daidalos. [Båda böckerna av Andersson är nyttiga, problematiserade böcker av det förhärskande, det som lärs ut på samhällsvetenskapliga grundutbildningar.]

Cassirer, E. (2005). *Axel Hägerström: en studie i samtida svensk filosofi.* Stockholm: Thales. [En klarläggande kritik av uppsalafilosofens inflytelserika filosofi.]

Cullberg, J. (2000). *Dynamisk psykiatri i teori och praktik.* (6. uppl.) Stockholm: Natur och kultur. [Psykoanalysens icke-empiricistiska vetenskapssyn.]

Eagleton, T. (2003). *After theory.* London: Allen Lane. [Teori bortom dagens, ibland modebetonade teoretiska tänkande.]

Edmonds, D.J. & Eidinow, J.A. (2001). *Wittgenstein och Popper: ett eldfängt möte mellan filosofer.* Stockholm: Svenska förlaget. [Lättläst beskrivning av 1900-talets vetenskapliga utveckling, med det beryktade mötet på Cambridge mellan de namnkunniga filosoferna som höjdpunkt.]

Eriksson, G. (1991). *Den faustiska människan: vetenskapen som europeiskt arv.* Stockholm: Natur och kultur. [Om drivkrafterna bakom det europeiska kunskapssökandet.]

Foucault, M. (1986). *Vansinnets historia under den klassiska epoken.* Stockholm: Arkiv.

Foucault, M. (1993). *Diskursens ordning: installationsföreläsning vid Collège de France den 2 december 1970.* Stockholm: B. Östlings bokförl. Symposion. [Djupborrande om hur kunskapen om människan genomgår historisk förändring och är samhälleligt bestämd. Diskursbegreppet är ett av Foucaults mest kända och inflytelserika begrepp.]

Eriksen, T.H. (2009). *Vad är socialantropologi?* Stockholm: Natur och kultur. [En professors beskrivning av det egna ämnets framväxt och utveckling vad gäller teori och metod.]

Hägerström, A. (1957). *Filosofi och vetenskap.* Stockholm: Ehlins. [En plädering mot det oklara tänkandet och för användandet av klara, väldefinierade begrepp.]

Israel, J. (1982). *Om konsten att blåsa upp en ballong inifrån.* Göteborg: Korpen. [Till försvar för en icke-empiricistisk vetenskapsteori, av en av Sveriges mest kända sociologer.]

Jørgensen, J. (1951). *The development of logical empiricism.* Chicago: Univ. of Chicago Press.

Kuhn, T.S. (1997). *De vetenskapliga revolutionernas struktur.* Stockholm: Thales. [En ofta citerad teori om hur den vetenskapliga kunskapen utvecklas.]

Popper, K. (2002). *The logic of scientific discovery.* London: Routledge. [Empiricistisk vetenskapsteori och metodologi. Sir Popper är ett av de stora namnen inom denna tradition.]

Thurén, T. (1991). *Vetenskapsteori för nybörjare.* (1. uppl.) Stockholm: Runa.

Inspirationslitteratur

Boisen, L.A. (2003). *Reklam: den goda kraften*. Stockholm: Ekerlid. [Exempel på välskriven och fångande marknadskommunikation. Inte ett överfödigt ord av en reklamguru.]

Ekstrand, L. (1993). Olydnadsparagrafer: »Be like your writing« : om tystnaden, den teoretiska olydnaden, psykosen, kufismen och felstavningens feminism. *Montage.* 1993/94:1, s. 52–59. [Hur skriver man olydigt?]

Ekstrand, L. (1993). *Eolus & Herakleitos*. Göteborg: Korpen.

Ekstrand, L. (1993). Jag måste bo vid vatten. *Svensk bokhandel.* 1993 (42:3), s. 46.

Ekstrand, L. (2004). *Social konst: när fabrikerna tystnar.* Göteborg: Korpen. [Ett muntert manifest framfört i full fart.]

Ekstrand, L. (2014). *Välkommen sjunka med oss! Social konst i förlisningens tid [Elektronisk resurs].* Bokvind förlag. [Att använda bilder, särskilt verklighetsdestabiliserande sådana, i samhälls- och samtidsutforskandet.]

Ekstrand, L. (2015). *Mina delade städer [Elektronisk resurs].* Bokvind förlag. [Urbana reflektioner.]

Freud, S. & Gardiner, M. (red.) (1987). *Vargmannen.* Stockholm: Prisma.

Gombrowicz, W. (2004). *Dagboken I-III, 1953–1969.* Stockholm: Bonnier. [Om det självutlämnande dagboksskrivandet som konstart.]

Kluge, A. (2003). *Ur känslornas historia.* Eslöv: B. Östlings bokförl. Symposion. [Exempel på essäkonst med dokumentärfilmarens blick.]

Kristeva, J. (1997). *Främlingar för oss själva.* Stockholm:

Natur och kultur. [Ett på sina ställen till poesi gräns-
ande sätt att skriva skönlitterärt om psykoanalys.]
Lafargue, P. (1980). *Rätten till lättja*. Mölndal: Fri press.
[En glödande pamflett till stilen.]
Lidman, S. (2014). *Stilens munterhet: Sara Lidmans för-
fattardagböcker från Missenträsk 1975–1985*. Stockholm:
Bonnier. [Att skriva sitt liv – leva sitt liv skrivande. Dag-
boken som mobilt rum.]
Mailer, N. (1997). *En amerikansk gåta: historien om Lee
Harvey Oswald*. Stockholm: Natur och kultur. [Ett ex-
empel på dramatisering och »redigering« av verklig-
heten.]
Marx, K. & Engels, F. (2004). *Kommunistiska manifestet*.
(1. uppl.) Linköping: Nixon. [Ett klassiskt manifest.]
Nietzsche, F. (1987). *Den glada vetenskapen*. Göteborg:
Korpen. [En oförliknelig blandning av filosofi och po-
esi.]
Pasolini, P.P. (1993). *Skrifter i fel tid*. Stockholm: B. Öst-
lings bokförl. Symposion. [Exempel på god essäistik.]
Said, E.W. (2006). *Från exilen: essäer 1976–2000*. Stock-
holm: Ordfront. [Angelägen kulturkritik.]
Solanas, V. (2003). *SCUM manifest*. Stockholm: Moder-
nista. [Trogen manifestets formideal till punkt och
pricka. Skrivet med »blod och eld«.]
Sontag, S. (2005). *Där tonvikten ligger*. Stockholm: Brom-
berg. [Till försvar för essän som estetisk form, med
hjälp av den store essäisten Barthes.]
Thompson, H.S. (1977[1967]). *Hell's angels*. Harmond-
sworth: Penguin.
Thompson, H.S. (2005). *Fear and loathing in Las Vegas:
a savage journey to the heart of the American dream*.
New York: Harper Perennial. [Thompson – en av de

ledande inom New Journalism, där man blandar fiktion och fakta samt skriver in sig själv, använder sin egen person, subjektiv och engagerad, i verklighetsutforskandet.]

Thomsen, S.U. (2001). *En dans på glosor: eftertankar kring den konstnärliga skapelseprocessen.* Lund: Ellerström.

Twain, M. (2001). *The annotated Huckleberry Finn: Adventures of Huckleberry Finn (Tom Sawyer's comrade).* New York: Norton. [Inspiratörerna till flottens metodologi.]

Wallraff, G. (2003). *Reporter hos Springer.* Stockholm: ePan.

Wallraff, G. (2003). *Längst därnere.* Stockholm: Pocky. [Wallraff gjorde sig känd för det som sedermera kom att kallas wallraffande. Kritiska verklighetsundersökningar under förklädnad.]

Emancipatorisk pedagogik

Ekstrand, L. (1991). Ångestskapande pedagogik eller pedagogisk ångest? Ingår i: *Zenit*, Vol. 112, nr 2. [Redogörelse för en företagsekonomisk utbildning, baserad på ångestskapande pedagogik.]

Ekstrand, L. (1992). *»I det omskakande finns kraften«: fyra texter om projektledning, frigörelse och ångest.* Gävle: Högskolan.

Illeris, K. (1981). *Modkvalificeringens pædagogik: problemorientering, deltagerstyring og eksemplarisk indlæring.* København: Unge pædagoger.

Om det postmoderna och det »nya«

Bard, A. (2001). *Nätokraterna: boken om det elektroniska klassamhället.* Stockholm: Pocky/Tranan. Bauman, Z. (2004). *Samhälle under belägring.* Göteborg: Daidalos.

Castells, M. (1999). *Informationsåldern: ekonomi, samhälle och kultur.* Bd 1 *Nätverkssamhällets framväxt.* Göteborg: Daidalos.

Florida, R.L. (2006). *Den kreativa klassens framväxt.* Stockholm: Daidalos. [Om hur det framtida k-samhället tillhör de kreativa.]

Hedberg, B., Dahlgren, G., Hansson, J. & Olve, N. (2000). *Imaginära organisationer.* Liber. [En organisationsteori för postmoderna, osynliga organisationer.]

Lyotard, J. (1993). *The postmodern condition: a report of knowledge.* Minneapolis: Univ. of Minnesota Press.

Nordström, K.A. & Ridderstråle, J. (2002). *Funky business: talang får kapitalet att dansa.* Stockholm: Bookhouse.

Pine, B.J. & Gilmore, J.H. (1999). *The experience economy: work is theatre & every business a stage.* Boston, Mass.: Harvard Business School. [Om den växande upplevelseekonomin.]

Sveiby, K. & Risling, A. (1986). *Kunskapsföretaget: seklets viktigaste ledarutmaning?* Malmö: LiberFörlag.

Roliga studentuppsatser

Broström, M. och Lindström, M. (2004). *Till förnedringens historia. Lönearbetet som livsdisciplinering.* C-uppsats, Högskolan i Gävle. [I essäform, polemisk-retorisk.]

Bäcker, J. (2005). *Kapitalet går på åtta ben. Hur förädlar fyra företagsledare sitt humankapital?* C-uppsats, Högskolan i Gävle. [Intervjuer redovisade som paneldebatt.]

Häggström, O. och Lennartsson, R. (2004). *Låt hjärtat vá me'! Organisationens betydelse för Timrå IK:s framgångar på isen.* C-uppsats, Högskolan i Gävle. [Till formen inspirerad av en hockeymatch.]

Ramqvist, L. (1995). *Lösa ord – på snedstrecken mellan pedagogik/ asplundska texter/feminism. Om postmodernt läsande.* C-uppsats, Högskolan i Gävle/Sandviken. [I prövande, öppen essäform.]

Tjörneryd, T. (2005). *Mot anpassningen! Handbok för studenter och andra.* C-uppsats, Högskolan i Gävle. [Skriven som ett glödande, protesterande manifest.]

Öhrnell, E. (2005). *Duchamp, Beuys och kreativa processer – ett möte mellan konst och pedagogik.* D-uppsats, Högskolan i Gävle. [En blandning av essä och redovisning av en traditionell enkät.]